Suhrkamp BasisBibliothek 46

Diese Ausgabe der »Suhrkamp BasisBibliothek – Arbeitstexte für Schule und Studium« enthält 121 *Geschichten vom Herrn Keuner*, ergänzt um eine Textauswahl mit Erläuterungen Bertolt Brechts über den Gestus, sowie einen Kommentar, der alle für das Verständnis erforderlichen Informationen enthält: eine Zeittafel, die Entstehungs- und Rezeptionsgeschichte, ausgewählte Texte zu der Frage »Wer ist Herr Keuner?«, einen Forschungsüberblick, Verzeichnisse der Geschichten, Literaturhinweise sowie Wort- und Sacherläuterungen. Der Kommentar ist entsprechend den neuen Rechtschreibregeln verfasst.

Gesine Bey, geboren 1953, Literaturwissenschaftlerin, lebt in Berlin.

Bertolt Brecht
Geschichten vom Herrn Keuner

Mit einem Kommentar
von Gesine Bey

Suhrkamp

Der vorliegende Text folgt den Ausgaben:
Bertolt Brecht, Werke. *Große Kommentierte Berliner und Frankfurter Ausgabe*, hg. v. Werner Hecht, Jan Knopf, Werner Mittenzwei und Klaus-Detlef Müller. Band 18: *Prosa 3: Sammlungen und Dialoge*. Bearbeitet von Jan Knopf unter Mitarbeit von Michael Duchardt, Ute Liebig und Brigitte Bergheim. Berlin und Weimar und Frankfurt/M. 1995.
Bertolt Brecht, *Geschichten vom Herrn Keuner. Zürcher Fassung*, hg. v. Erdmut Wizisla. Frankfurt/M. 2004.

4. Auflage 2026

Erste Auflage 2012
Originalausgabe
Suhrkamp BasisBibliothek 46

Satz: pagina GmbH, Tübingen
Druck: CPI books GmbH, Leck
Umschlagabbildung: Münchner Stadtmuseum, Sammlung Fotografie
Umschlaggestaltung: Regina Göllner und Hermann Michels
Printed in Germany
ISBN 978-3-518-18846-0

Suhrkamp Verlag GmbH
Torstraße 44, 10119 Berlin
info@suhrkamp.de
www.suhrkamp.de

Inhalt

Geschichten vom Herrn Keuner

1930

Weise am Weisen ist die Haltung

Zu Herrn Keuner, dem Denkenden, kam ein Philosophieprofessor und erzählte ihm von seiner Weisheit. Nach einer Weile sagte Herr Keuner zu ihm: »Du sitzt unbequem, du redest unbequem, du denkst unbequem.« Der Philosophieprofessor wurde zornig und sagte: »Nicht über mich wollte ich etwas wissen, sondern über den Inhalt dessen, was ich sagte.« »Es hat keinen Inhalt«, sagte Herr Keuner. ⌜»Ich sehe dich täppisch gehen und es ist kein Ziel, das du, während ich dich gehen sehe, erreichst. Du redest dunkel und es ist keine Helle, die du während des Redens schaffst. Ich sehe dein Ziel nicht, ich sehe deine Haltung.«⌝

Aus: *Versuche* (1930)

Organisation

Herr Keuner sagte einmal: »Der Denkende benützt kein Licht zuviel, kein Stück Brot zuviel, keinen Gedanken zuviel.«

Aus: *Versuche* (1930)

Maßnahmen gegen die Gewalt

Als Herr Keuner, der Denkende, sich in einem Saale vor vielen gegen die Gewalt aussprach, merkte er, wie die Leute vor ihm zurückwichen und weggingen. Er blickte sich um und sah hinter sich stehen – die Gewalt.

»Was sagtest du?« fragte ihn die Gewalt.

»Ich sprach mich für die Gewalt aus«, antwortete Herr Keuner.

Als Herr Keuner weggegangen war, fragten ihn seine Schüler nach seinem Rückgrat. Herr Keuner antwortete: »Ich habe kein Rückgrat zum Zerschlagen. Gerade ich muß länger leben als die Gewalt.«

Und Herr Keuner erzählte folgende Geschichte:

In die Wohnung des Herrn Egge, der gelernt hatte, nein zu sagen, kam eines Tages in der Zeit der Illegalität* ein Agent*, der zeigte einen Schein vor, welcher ausgestellt war im Namen derer, die die Stadt beherrschten, und auf dem stand, daß ihm gehören solle jede Wohnung, in die er seinen Fuß setze; ebenso sollte ihm auch jedes Essen gehören, das er verlange; ebenso sollte ihm auch jeder Mann dienen, den er sähe.

Illegalität: Hier: Zeit des Unrechts, der Widerrechtlichkeit

Agent: Hier: Bevollmächtigter

Der Agent setzte sich in einen Stuhl, verlangte Essen, wusch sich, legte sich nieder und fragte mit dem Gesicht zur Wand vor dem Einschlafen: »Wirst du mir dienen?«

Herr Egge deckte ihn mit einer Decke zu, vertrieb die Fliegen, bewachte seinen Schlaf, und wie an diesem Tage gehorchte er ihm ⌜sieben Jahre lang⌝. Aber was immer er für ihn tat, eines zu tun hütete er sich wohl: das war, ein Wort zu sagen. Als nun die sieben Jahre herum waren und der Agent dick geworden war vom vielen Essen, Schlafen und Befehlen, starb der Agent. Da wickelte ihn Herr Egge in die verdorbene Decke, schleifte ihn aus dem Haus, wusch das Lager, tünchte die Wände, atmete auf und antwortete: »Nein.«

Aus: *Versuche* (1930)

Von den Trägern des Wissens

»⌜Wer das Wissen trägt⌝, der darf nicht kämpfen; noch die Wahrheit sagen; noch einen Dienst erweisen; noch nicht essen; noch die Ehrungen ausschlagen; noch kenntlich sein. Wer das Wissen trägt, hat von allen Tugenden nur eine: daß er das Wissen trägt«, sagte Herr Keuner.

Aus: *Versuche* (1930)

Der Zweckdiener

Herr Keuner stellte die folgenden Fragen:
Jeden Morgen macht mein Nachbar Musik auf einem Grammophonkasten*. Warum macht er Musik? Ich höre, weil er turnt. Warum turnt er? Weil er Kraft benötigt, höre ich. Wozu benötigt er Kraft? Weil er seine Feinde in der Stadt besiegen muß, sagt er. Warum muß er Feinde besiegen? Weil er essen will, höre ich.
Nachdem Herr Keuner dies gehört hatte, daß sein Nachbar Musik machte, um zu turnen, turnte, um kräftig zu sein, kräftig sein wollte, um seine Feinde zu erschlagen, seine Feinde erschlug, um zu essen, stellte er seine Frage: »Warum ißt er?«

* Holzgehäuse mit Kurbel, frühere Form des Plattenspielers

Aus: *Versuche* (1930)

Die Mühsal der Besten

»Woran arbeiten Sie?« wurde Herr Keuner gefragt. Herr Keuner antwortete: »Ich habe viel Mühe, ich bereite meinen nächsten ⌜Irrtum⌝ vor.«

Aus: *Versuche* (1930)

Die Kunst, nicht zu bestechen

Herr Keuner empfahl einen Mann an einen Kaufmann seiner Unbestechlichkeit wegen. Nach zwei Wochen kam der Kaufmann wieder zu Herrn Keuner und fragte ihn: »Was hast du gemeint mit Unbestechlichkeit?« Herr Keuner sagte: »Wenn ich sage, der Mann, den du anstellst, ist unbestechlich, meinte ich damit: du kannst ihn nicht bestechen.« »So«, sagte der Kaufmann betrübt, »nun, ich habe Grund zu fürchten, daß sich dein Mann sogar von meinen Feinden bestechen läßt.« »Das weiß ich nicht«, sagte Herr Keuner uninteressiert. »Mir aber«, rief der Kaufmann erbittert, »redet er immerfort nach dem Mund, also läßt er sich auch von mir bestechen!« Herr Keuner lächelte eitel: »Von mir läßt er sich nicht bestechen«, sagte Herr Keuner.

Aus: *Versuche* (1930)

Vaterlandsliebe, der Haß gegen Vaterländer

Herr Keuner hielt es nicht für nötig, in einem bestimmten Lande zu leben. Er sagte: »Ich kann überall hungern.« Eines Tages aber ging er durch eine Stadt, die vom Feind des Landes besetzt war, in dem er lebte. Da kam ihm entgegen ein Offizier dieses Feindes und zwang ihn, vom Bürgersteig herunter zu gehen. Herr Keuner ging herunter und nahm an sich wahr, daß er gegen diesen Mann empört war, und zwar nicht nur gegen diesen Mann, sondern besonders gegen das Land, dem der Mann angehörte, also daß er wünschte, es möchte vom Erdboden vertilgt werden. »Wodurch«, fragte Herr Keuner, »bin ich für diese Minute ein Nationalist* geworden? Dadurch, daß ich einem Nationalisten begegnete. Aber darum muß man die Dummheit ja ausrotten, weil sie dumm macht, die ihr begegnen.«

Die Vaterlandsliebe, sagte Herr Keuner, ist wie jede Liebe eine freiwillige Bürde und ist also höchstens noch für den geliebten Gegenstand lästig. Anders ist es mit der Vaterlandsliebe, die als Haß gegen andere Vaterländer auftritt. Sie ist für alle lästig.

Jmd., der in aggressiver Manier die eigene Nation über alle andere Nationen stellt

Aus: *Versuche* (1930)

Das Schlechte ist auch nicht billig

Nachdenkend über die Menschen kam Herr Keuner zu seinen Gedanken über die Verteilung der Armut. Eines Tages wünschte er sich, umsehend in seiner Wohnung, andere Möbel, schlechtere, billigere, armseligere. Sogleich ging er zu einem Tischler und trug ihm auf, den Lack von seinen Möbeln abzuschaben. Aber als der Lack abgeschabt war, sahen die Möbel nicht armselig aus, sondern nur verdorben. Dennoch mußte des Tischlers Rechnung bezahlt werden, und Herr Keuner mußte auch noch seine eigenen Möbel wegwerfen und neue kaufen, armselige, billige, schlechte, da er sie sich doch so wünschte. Einige Leute, die dies erfuhren, lachten nun über Herrn Keuner, da seine armseligen Möbel teurer geworden waren wie die lackierten. Aber Herr Keuner sagte: »Zur Armut gehört nicht sparen, sondern ausgeben. Ich kenne euch: zu euren Gedanken paßt eure Armut nicht. Aber zu meinen Gedanken paßt der Reichtum nicht.«

Aus: *Versuche* (1930)

Hungern

Herr Keuner hatte einmal anläßlich einer Frage nach dem Vaterland die Antwort gegeben: »Ich kann ⌜überall hungern⌝.« Nun fragte ihn der eifrige Parteisekretär* Kulicke, woher es komme, daß er sage, er hungere, während er doch in Wirklichkeit zu essen habe. Herr Keuner rechtfertigte sich, indem er sagte: »Wahrscheinlich wollte ich sagen, ich kann überall leben, wenn ich leben will, wo Hunger herrscht. Ich gebe zu, daß es ein großer Unterschied ist, ob ich selber hungere oder ob ich lebe, wo Hunger herrscht. Aber zu meiner Entschuldigung darf ich wohl anführen, daß für mich, im Gegensatz zu anderen, leben, wo Hunger herrscht, wenn nicht ebenso schlimm wie hungern, so doch wenigstens sehr schlimm ist. Es wäre ja nicht wichtig, wenn ich Hunger hätte, aber es ist wichtig, daß ich dagegen bin, daß Hunger herrscht.«

Funktionär in einer (kommunistischen) Partei

Aus: *Versuche* (1930)

Vorschlag, wenn der Vorschlag nicht beachtet wird

Herr Keuner empfahl, jedem Vorschlag noch einen weiteren Vorschlag beizufügen, für den Fall, daß der Vorschlag nicht beachtet wird. Als er z. B. dem Staate angeraten hatte, zu verbieten, daß ein Mensch dem Menschen dienstbar sei, fügte er diesem Verbot weitere genaue Verbote hinzu, welche jene betrafen, die das Verbot nicht einhalten würden. Hierin bewies er sich als Gesetzgeber. »Der Staat«, sagte er, »ist fast nie gut genug, eine Lage zu schaffen, die es allen Leuten ermöglicht, das Vernünftige zu tun. Die Gesetzgeber lassen beinahe immer jene aus den Augen, die die Gesetze übertreten. ⌜Wer nicht alles kann, dem darf man nicht weniges erlassen.⌝«

Aus: *Versuche* (1930)

1932

Herr Keuner und die Originalität

Heute, beklagte sich Herr Keuner, gibt es Unzählige, die sich öffentlich rühmen, ganz allein große Bücher verfassen zu können, und dies wird allgemein gebilligt. ⌜Der chinesische Philosoph Dschuang Dsi verfaßte noch im Mannesalter ein Buch von hunderttausend Wörtern, das zu neun Zehnteln aus Zitaten bestand.⌝ Solche Bücher können bei uns nicht mehr geschrieben werden, da der Geist fehlt. Infolgedessen werden Gedanken nur in eigener Werkstatt hergestellt, indem sich der faul vorkommt, der nicht genug davon fertigbringt. Freilich gibt es dann auch keinen Gedanken, der übernommen werden, und auch keine Formulierung eines Gedankens, die zitiert werden könnte. Wie wenig brauchen diese alle zu ihrer Tätigkeit! Ein Federhalter und etwas Papier ist das einzige, was sie vorzeigen können! ⌜Und ohne jede Hilfe⌝, nur mit dem kümmerlichen Material, das ein einzelner auf seinen Armen herbeischaffen kann, errichten sie ihre Hütten! Größere Gebäude kennen sie nicht, als solche, die ein einziger zu bauen imstande ist!

Aus: *Versuche* (1932)

Herr Keuner und die Frage, ob es einen Gott gibt

Einer fragte Herrn Keuner, ⌜ob es einen Gott gäbe⌝. Herr Keuner sagte: Ich rate dir, nachzudenken, ob dein Verhalten je nach der Antwort auf diese Frage sich ändern würde. Würde es sich nicht ändern, dann können wir die Frage fallenlassen. Würde es sich ändern, dann kann ich dir wenigstens noch so weit behilflich sein, daß ich dir sage: Du hast dich schon entschieden: Du brauchst einen Gott.

Aus: *Versuche* (1932)

Das Recht auf Schwäche

Herr Keuner half jemandem in einer schwierigen Angelegenheit. In der Folge ließ es dieser an jeder Art Dank fehlen. Herr Keuner setzte nun seine Freunde in Erstaunen, indem er sich laut über die Undankbarkeit des Betreffenden beschwerte. Sie fanden Herrn Keuners Benehmen unfein und sagten auch: Hast du nicht gewußt, daß man nichts tun soll der Dankbarkeit wegen, weil der Mensch zu schwach ist, um dankbar zu sein? Und ich, fragte Herr Keuner, bin ich kein Mensch? Warum sollte ich nicht so schwach sein, Dankbarkeit zu verlangen? Die Leute meinen immer, sie bekennen sich als dumm, wenn sie bekennen, daß eine Gemeinheit gegen sie verübt wurde. Wieso eigentlich?

Aus: *Versuche* (1932)

Herr Keuner und der hilflose Knabe

Einen vor sich hinweinenden Jungen fragte Herr Keuner nach dem Grund seines Kummers. Ich hatte zwei Groschen* für das Kino beisammen, sagte der Knabe, da kam ein Junge und riß mir einen aus der Hand, und er zeigte auf einen Jungen, der in einiger Entfernung zu sehen war. Hast du denn nicht um Hilfe geschrieen? fragte Herr Keuner. Doch, sagte der Junge und schluchzte ein wenig stärker. Hat dich niemand gehört, fragte ihn Herr Keuner weiter, ihn liebevoll streichelnd. Nein, schluchzte der Junge. Kannst du denn nicht lauter schreien? fragte Herr Keuner. Nein, sagte der Junge und blickte ihn mit neuer Hoffnung an. Denn Herr Keuner lächelte. Dann gib auch den her, sagte er, nahm ihm den letzten Groschen aus der Hand und ging unbekümmert weiter.

Ehemaliges deutsches Zehnpfennigstück

Aus: *Versuche* (1932)

Herr Keuner und die Natur

Befragt über sein Verhältnis zur Natur, sagte Herr Keuner: Ich würde gern mitunter aus dem Haus tretend ein paar Bäume sehen. Besonders da sie durch ihr der Tages- und Jahreszeit entsprechendes Andersaussehen einen so besonderen Grad von Realität erreichen. In den Städten verwirrt es uns mit der Zeit, immer nur Gebrauchsgegenstände zu sehen, Häuser und Bahnen, die unbewohnt leer, unbenutzt sinnlos wären. Unsere eigentümliche Gesellschaftsordnung läßt uns ja auch die Menschen zu solchen Gebrauchsgegenständen zählen, und da haben Bäume wenigstens für mich, der ich kein Schreiner bin, etwas beruhigend Selbständiges, von mir Absehendes, und ich hoffe sogar, sie haben selbst für die Schreiner einiges an sich, was nicht verwertet werden kann.
(Herr Keuner sagte auch: Es ist nötig für uns, von der Natur einen sparsamen Gebrauch zu machen. Ohne Arbeit in der Natur weilend, gerät man leicht in einen krankhaften Zustand, etwas wie Fieber befällt einen.)

Aus: *Versuche* (1932)

Die überzeugenden Fragen

Es ist ein Irrtum zu glauben, daß man eine Dummheit nur durch eine Klugheit widerlegen kann. Sehr viele Dummheiten werden nur in die Welt gesetzt, um Dummheiten zu widerlegen. Ich habe bemerkt, sagte Herr Keuner, daß wir viele abschrecken von unserer Lehre dadurch, daß wir auf alles eine Antwort wissen. Könnten wir nicht im Interesse der Propaganda* eine Liste der Fragen aufstellen, die uns ganz ungelöst erscheinen?

Systematische politische Öffentlichkeitsarbeit

Aus: *Versuche* (1932)

Der Mantel

Herr Keuner, der für die Ordnung der menschlichen Beziehungen war, blieb zeit seines Lebens in Kämpfe verwickelt. Eines Tages geriet er wieder einmal in eine unangenehme Sache, die es nötig machte, daß er nachts mehrere Treffpunkte in der Stadt aufsuchen mußte, die weit auseinander lagen. Da er krank war, bat er einen Freund um seinen Mantel. Der versprach ihn ihm, obwohl er dadurch selbst eine kleine Verabredung absagen mußte. Gegen Abend nun verschlimmerte sich Herrn Keuners Lage so, daß die Gänge ihm nichts mehr nützten und ganz anderes nötig wurde. Dennoch und trotz des Zeitmangels holte Herr Keuner, eifrig, die Verabredung auch seinerseits einzuhalten, den unnütz gewordenen Mantel pünktlich ab.

Aus: *Versuche* (1932)

Das Wiedersehen

Ein Mann, der Herrn Keuner lange nicht gesehen hatte, begrüßte ihn mit den Worten: »Sie haben sich gar nicht verändert.«
»Oh!« sagte Herr Keuner und erbleichte.

Aus: *Versuche* (1932)

Parodie von »der Besten«

Über die Auswahl der Bestien*

Als Herr Keuner, der Denkende, hörte
daß der bekannteste Verbrecher der Stadt New York
ein Spritschmuggler und Massenmörder
wie ein Hund niedergeschossen und
sang- und klanglos begraben worden sei
äußerte er nichts als Befremden.

Wie, sagte er, ist es so weit
daß nicht einmal der Verbrecher seines Lebens sicher ist
und nicht einmal der zu allem bereit ist
einigen Erfolg hat?
Jeder weiß, daß die verloren sind
die auf ihre Menschenwürde bedacht sind.
Aber die sich ihrer entäußern?
Soll es heißen: ⌜wer der Tiefe entrann
fällt auf der Höhe⌝?

Nachts im Schlaf auffahren schweißgebadet die Rechtschaffenen
der leiseste Tritt jagt ihnen Schrecken ein
ihr gutes Gewissen verfolgt sie bis in den Schlaf
und jetzt höre ich: auch der Verbrecher
kann nicht mehr ruhig schlafen?
Welche Verwirrung!

Was sind das für Zeiten!
Mit einer einfachen Gemeinheit, höre ich
sei nichts mehr getan.
Mit einem Mord allein
komme keiner mehr durch.
Zwei bis drei Verrate am Vormittag:
dazu wäre jeder bereit.
Aber was liegt an der Bereitschaft

Aus: *Versuche* (1932)

wo es nur auf das Können ankommt!
Selbst die Gesinnungslosigkeit genügt noch nicht:
die Leistung entscheidet!

So fährt selbst der Ruchlose*
in die Grube* ohne Aufsehen.
Da es zu viele seinesgleichen gibt
fällt er nicht auf.
Wieviel billiger hätte er das Grab haben können
der so auf Geld aus war!
So viele Morde
und ein so kurzes Leben!
So viele Verbrechen
und so wenig Freunde!
Wäre er mittellos gewesen
hätten es nicht weniger sein können.

Wie sollen wir angesichts solcher Vorfälle
nicht den Mut verlieren?
Was noch sollen wir planen?
Welche Verbrechen noch ausdenken?
Es ist nicht gut, wenn zuviel verlangt wird.
Solches sehend, sagte Herr Keuner
sind wir entmutigt.

der Rücksichtslose, Gewissenlose

ins Grab

Aus: *Versuche* (1932)

1949

Herr K. und die Natur

Befragt über sein Verhältnis zur Natur, sagte Herr K.: »Ich würde gern mitunter aus dem Haus tretend ein paar Bäume sehen. Besonders da sie durch ihr der Tages- und Jahreszeit entsprechendes Andersaussehen einen so besonderen Grad von Realität erreichen. Auch verwirrt es uns in den Städten mit der Zeit, immer nur Gebrauchsgegenstände zu sehen, Häuser und Bahnen, die unbewohnt leer, unbenutzt sinnlos wären. Unsere eigentümliche Gesellschaftsordnung läßt uns ja auch die Menschen zu solchen Gebrauchsgegenständen zählen, und da haben Bäume wenigstens für mich, der ich kein Schreiner bin, etwas beruhigend Selbständiges, von mir Absehendes, und ich hoffe sogar, sie haben selbst für die Schreiner einiges an sich, was nicht verwertet werden kann.«

(Herr K. sagte auch: »Es ist nötig für uns, von der Natur einen sparsamen Gebrauch zu machen. Ohne Arbeit in der Natur weilend, gerät man leicht in einen krankhaften Zustand, etwas wie Fieber befällt einen.«)

Aus: *Kalendergeschichten* (1949)

Organisation

Herr K. sagte einmal: »Der Denkende benützt kein Licht zuviel, kein Stück Brot zuviel, keinen Gedanken zuviel.«

Aus: *Kalendergeschichten* (1949)

Form und Stoff

Herr K. betrachtete ein Gemälde, das einigen Gegenständen eine sehr eigenwillige Form verlieh. Er sagte: »Einigen Künstlern geht es, wenn sie die Welt betrachten, wie vielen Philosophen. Bei der Bemühung um die Form geht der Stoff verloren. Ich arbeitete einmal ⌜bei einem Gärtner⌝. Er händigte mir eine Gartenschere aus und hieß mich einen Lorbeerbaum beschneiden. Der Baum stand in einem Topf und wurde zu Festlichkeiten ausgeliehen. Dazu mußte er die Form einer Kugel haben. Ich begann sogleich mit dem Abschneiden der wilden Triebe, aber wie sehr ich mich auch mühte, die Kugelform zu erreichen, es wollte mir lange nicht gelingen. Einmal hatte ich auf der einen, einmal auf der andern Seite zu viel weggestutzt. Als es endlich eine Kugel geworden war, war die Kugel sehr klein.« Der Gärtner sagte enttäuscht: »Gut, das ist die Kugel, aber wo ist der Lorbeer?«

Aus: *Kalendergeschichten* (1949)

Freundschaftsdienste

Als Beispiel für die richtige Art, Freunden einen Dienst zu erweisen, gab Herr K. folgende Geschichte zum besten. Zu einem alten Araber kamen drei junge Leute und sagten ihm: »Unser Vater ist gestorben. Er hat uns siebzehn Kamele hinterlassen und im Testament verfügt, daß der Älteste die Hälfte, der zweite ein Drittel und der Jüngste ein Neuntel der Kamele bekommen soll. Jetzt können wir uns über die Teilung nicht einigen; übernimm du die Entscheidung!« Der Araber dachte nach und sagte: »Wie ich es sehe, habt ihr, um gut teilen zu können, ein Kamel zu wenig. Ich habe selbst nur ein einziges Kamel, aber es steht euch zur Verfügung. Nehmt es und teilt dann, und bringt mir nur, was übrigbleibt.« Sie bedankten sich für diesen Freundschaftsdienst, nahmen das Kamel mit und teilten die achtzehn Kamele nun so, daß der Älteste die Hälfte, das sind neun, der Zweite ein Drittel, das sind sechs, und der Jüngste ein Neuntel, das sind zwei Kamele, bekam. Zu ihrem Erstaunen blieb, als sie ihre Kamele zur Seite geführt hatten, ein Kamel übrig. Dieses brachten sie, ihren Dank erneuernd, ihrem alten Freund zurück.
Herr K. nannte diesen Freundschaftsdienst richtig, weil er keine besonderen Opfer verlangte.

Aus: *Kalendergeschichten* (1949)

Verläßlichkeit

Herr K., der für die Ordnung der menschlichen Beziehungen war, blieb zeit seines Lebens in Kämpfe verwickelt. Eines Tages geriet er wieder einmal in eine unangenehme Sache, die es nötig machte, daß er nachts mehrere Treffpunkte in der Stadt aufsuchen mußte, die weit auseinanderlagen. Da er krank war, bat er einen Freund um seinen Mantel. Der versprach ihn ihm, obwohl er dadurch selbst eine kleine Verabredung absagen mußte. Gegen Abend nun verschlimmerte sich Herrn K.s Lage so, daß die Gänge ihm nichts mehr nützten und ganz anderes nötig wurde. Dennoch und trotz des Zeitmangels holte Herr K., eifrig, die Verabredung auch seinerseits einzuhalten, den unnütz gewordenen Mantel pünktlich ab.

Aus: *Kalendergeschichten* (1949)

Der hilflose Knabe

⌜Herr K. sprach⌝ über die Unart, erlittenes Unrecht stillschweigend in sich hineinzufressen, und erzählte folgende Geschichte: »Einen vor sich hinweinenden Jungen fragte ein Vorübergehender nach dem Grund seines Kummers. ›Ich hatte zwei Groschen für das Kino beisammen‹, sagte der Knabe, ›da kam ein Junge und riß mir einen aus der Hand‹, und er zeigte auf einen Jungen, der in einiger Entfernung zu sehen war. ›Hast du denn nicht um Hilfe geschrien?‹ fragte der Mann. ›Doch‹, sagte der Junge und schluchzte ein wenig stärker. ›Hat dich niemand gehört‹, fragte ihn der Mann weiter, ihn liebevoll streichelnd. ›Nein‹, schluchzte der Junge. ›Kannst du denn nicht lauter schreien?‹ fragte der Mann. ›Dann gib auch den her.‹ Nahm ihm den letzten Groschen aus der Hand und ging unbekümmert weiter.«

Aus: *Kalendergeschichten* (1949)

Die Frage, ob es einen Gott gibt

Einer fragte Herrn K., ob es einen Gott gäbe. Herr K. sagte: »Ich rate dir, nachzudenken, ob dein Verhalten je nach der Antwort auf diese Frage sich ändern würde. Würde es sich nicht ändern, dann können wir die Frage fallenlassen. Würde es sich ändern, dann kann ich dir wenigstens noch so weit behilflich sein, daß ich dir sage: Du hast dich schon entschieden: Du brauchst einen Gott.«

Aus: *Kalendergeschichten* (1949)

Gespräche

»Wir können nicht mehr miteinander sprechen«, sagte Herr K. zu einem Mann. »Warum?« fragte der erschrokken. »Ich bringe in Ihrer Gegenwart nichts Vernünftiges hervor«, beklagte sich Herr K. »Aber das macht mir doch nichts«, tröstete ihn der andere. – »Das glaube ich«, sagte Herr K. erbittert, »aber mir macht es etwas.«

Aus: *Kalendergeschichten* (1949)

Gastfreundschaft

Wenn Herr K. Gastfreundschaft in Anspruch nahm, ließ er seine Stube, wie er sie antraf, denn er hielt nichts davon, daß Personen ihrer Umgebung den Stempel aufdrückten. Im Gegenteil bemühte er sich, sein Wesen so zu ändern, daß es zu der Behausung paßte; allerdings durfte, was er gerade vorhatte, nicht darunter leiden.

Wenn Herr K. Gastfreundschaft gewährte, rückte er mindestens einen Stuhl oder einen Tisch von seinem bisherigen Platz an einen andern, so auf seinen Gast eingehend. »Und es ist besser, ich entscheide, was zu ihm paßt!« sagte er.

Aus: *Kalendergeschichten* (1949)

Herr K. in einer fremden Behausung

Eine fremde Behausung betretend, sah Herr K., bevor er sich zur Ruhe begab, nach den Ausgängen des Hauses und sonst nichts. Auf eine Frage antwortete er verlegen: »Das ist eine alte leidige Gewohnheit. Ich bin für die Gerechtigkeit; da ist es gut, wenn meine Wohnung mehr als einen Ausgang hat.«

Aus: *Kalendergeschichten* (1949)

Weise am Weisen ist die Haltung

Zu Herrn K. kam ein Philosophieprofessor und erzählte ihm von seiner Weisheit. Nach einer Weile sagte Herr K. zu ihm: »Du sitzt unbequem, du redest unbequem, du denkst unbequem.« Der Philosophieprofessor wurde zornig und sagte: »Nicht über mich wollte ich etwas wissen, sondern über den Inhalt dessen, was ich sagte.« »Es hat keinen Inhalt«, sagte Herr K. »Ich sehe dich täppisch gehen und es ist kein Ziel, das du, während ich dich gehen sehe, erreichst. Du redest dunkel und es ist keine Helle, die du während des Redens schaffst. Sehend deine Haltung, interessiert mich dein Ziel nicht.«

Aus: *Kalendergeschichten* (1949)

Wenn Herr K. einen Menschen liebte

»Was tun Sie«, wurde Herr K. gefragt, »wenn Sie einen Menschen lieben?« »Ich mache einen Entwurf von ihm«, sagte Herr K., »und sorge, daß er ihm ähnlich wird.« »Wer? Der Entwurf?« »Nein«, sagte Herr K., »der Mensch.«

Herr K. und die Konsequenz

Eines Tages stellte Herr K. einem seiner Freunde folgende Frage: »Ich verkehre seit kurzem mit einem Mann, der mir gegenüber wohnt. Jetzt habe ich keine Lust mehr, mit ihm zu verkehren; jedoch fehlt mir nicht nur ein Grund für den Verkehr, sondern auch für die Trennung. Nun habe ich entdeckt, daß er, als er kürzlich das kleine Haus, das er bisher nur gemietet hatte, kaufte, sogleich einen ⌜Pflaumenbaum⌝ vor seinem Fenster, der ihm Licht wegnahm, umschlagen ließ, obwohl die Pflaumen erst halb reif waren. Soll ich nun dies als Grund nehmen, den Verkehr mit ihm abzubrechen, wenigstens nach außen hin oder wenigstens nach innen hin?«

Einige Tage darauf erzählte Herr K. seinem Freund: »Ich habe den Verkehr mit dem Burschen jetzt abgebrochen; denken Sie sich, er hatte schon seit Monaten von dem damaligen Besitzer des Hauses verlangt, daß der Baum abgehauen würde, der ihm das Licht wegnahm. Der aber wollte es nicht tun, weil er die Früchte noch haben wollte. Und jetzt, wo das Haus auf meinen Bekannten übergegangen ist, läßt er den Baum tatsächlich abhauen, noch voll unreifer Früchte! Ich habe den Verkehr mit ihm jetzt wegen seines unkonsequenten Verhaltens abgebrochen.«

Aus: *Kalendergeschichten* (1949)

Die Vaterschaft des Gedankens

Herrn K. wurde vorgehalten, bei ihm sei allzu häufig der Wunsch Vater des Gedankens. Herr K. antwortete: »Es gab niemals einen ⌜Gedanken, dessen Vater kein Wunsch war⌝. Nur darüber kann man sich streiten: Welcher Wunsch? Man muß nicht argwöhnen, daß ein Kind gar keinen Vater haben könnte, um zu argwöhnen: die Feststellung der Vaterschaft sei schwer.«

Aus: *Kalendergeschichten* (1949)

Originalität

Heute, beklagte sich Herr K., gibt es Unzählige, die sich öffentlich rühmen, ganz allein große Bücher verfassen zu können, und dies wird allgemein gebilligt. Der chinesische Philosoph Dschuang Dsi verfaßte noch im Mannesalter ein Buch von hunderttausend Wörtern, das zu neun Zehnteln aus Zitaten bestand. Solche Bücher können bei uns nicht mehr geschrieben werden, da der Geist fehlt. Infolgedessen werden Gedanken nur in eigener Werkstatt hergestellt, indem sich der faul vorkommt, der nicht genug davon fertigbringt. Freilich gibt es dann auch keinen Gedanken, der übernommen werden, und auch keine Formulierung eines Gedankens, die zitiert werden könnte. Wie wenig brauchen diese alle zu ihrer Tätigkeit! Ein Federhalter und etwas Papier ist das einzige, was sie vorzeigen können! Und ohne jede Hilfe, nur mit dem kümmerlichen Material, das ein einzelner auf seinen Armen herbeischaffen kann, errichten sie ihre Hütten! Größere Gebäude kennen sie nicht, als solche, die ein einziger zu bauen imstande ist!

Aus: *Kalendergeschichten* (1949)

Erfolg

Herr K. sah eine Schauspielerin vorbeigehen und sagte: »Sie ist schön.« Sein Begleiter sagte: »Sie hat neulich Erfolg gehabt, weil sie schön ist.« Herr K. ärgerte sich und sagte: »Sie ist schön, weil sie Erfolg gehabt hat.«

Aus: *Kalendergeschichten* (1949)

Über die Störung des »Jetzt für das Jetzt«

Eines Tages zu Gast bei einigermaßen fremden Leuten, entdeckte Herr K., daß seine Wirte auf einem kleinen Tisch in der Ecke des Schlafzimmers vom Bett aus sichtbar schon das Geschirr für das Frühstück niedergestellt hatten. Er beschäftigte sich damit noch, nachdem er zunächst seine Wirte in Gedanken gelobt hat, daß sie eilten, mit ihm fertig zu werden. Er überlegt, ob auch er selbst das Geschirr für das Frühstück nachts vor dem Zubettgehen bereitstellen würde. Nach einigem Nachdenken findet er es für sich zu bestimmten Zeiten richtig. Ebenfalls richtig findet er es, daß auch andere sich gelegentlich für einige Zeit mit dieser Frage befassen.

Aus: *Kalendergeschichten* (1949)

Herr K. und die Katzen

Herr K. liebte die Katzen nicht. Sie schienen ihm keine Freunde der Menschen zu sein; also war er auch nicht ihr Freund. »Hätten wir gleiche Interessen«, sagte er, »dann wäre mir ihre feindselige Haltung gleichgültig.« Aber Herr K. verscheuchte die Katzen nur ungern von seinem Stuhl. »Sich zur Ruhe zu legen, ist eine Arbeit«, sagte er; »sie soll Erfolg haben.« Auch wenn Katzen vor seiner Tür jaulten, stand er auf vom Lager, selbst bei Kälte, und ließ sie in die Wärme ein. »Ihre Rechnung* ist einfach«, sagte er, »wenn sie rufen, öffnet man ihnen. Wenn man ihnen nicht mehr öffnet, rufen sie nicht mehr. Rufen, das ist ein Fortschritt.«

Hier: Überlegung

Aus: *Kalendergeschichten* (1949)

Herrn K.s Lieblingstier

Als Herr K. gefragt wurde, welches Tier er vor allen schätze, nannte er den Elefanten und begründete dies so: Der Elefant vereint List mit Stärke. Das ist nicht die kümmerliche List, die ausreicht, einer Nachstellung zu entgehen oder ein Essen zu ergattern, indem man nicht auffällt, sondern die List, welcher die Stärke für große Unternehmungen zur Verfügung steht. Wo dieses Tier war, führt eine breite Spur. Dennoch ist es gutmütig, es versteht Spaß. Es ist ein guter Freund, wie es ein guter Feind ist. Sehr groß und schwer, ist es doch auch sehr schnell. Sein Rüssel führt einem enormen Körper auch die kleinsten Speisen zu, auch Nüsse. Seine Ohren sind verstellbar: er hört nur, was ihm paßt. Er wird auch sehr alt. Er ist auch gesellig, und dies nicht nur zu Elefanten. Überall ist er sowohl beliebt als auch gefürchtet. Eine gewisse Komik macht es möglich, daß er sogar verehrt werden kann. Er hat eine dicke Haut, darin zerbrechen die Messer; aber sein Gemüt ist zart. Er kann traurig werden. Er kann zornig werden. Er tanzt gern. Er stirbt im Dickicht. Er liebt Kinder und andere kleine Tiere. Er ist grau und fällt nur durch seine Masse auf. Er ist nicht eßbar. Er kann gut arbeiten. Er trinkt gern und wird fröhlich. Er tut etwas für die Kunst: er liefert Elfenbein.

Aus: *Kalendergeschichten* (1949)

Das Altertum

Vor einem Bild des Malers Lundström*, einige Wasserkannen darstellend, sagte Herr K.: »Ein Bild ⌜aus dem Altertum⌝, aus einem barbarischen Zeitalter! Damals kannten die Menschen wohl nichts mehr auseinander, das Runde erschien nicht mehr rund, das Spitze nicht mehr spitz. Die Maler mußten es wieder zurechtrücken und den Kunden etwas Bestimmtes, Eindeutiges, Festgeformtes zeigen; sie sahen soviel Undeutliches, Fließendes, Zweifelhaftes; sie waren so sehr ausgehungert nach Unbestechlichkeit, daß sie einem Mann schon zujubelten, wenn er sich seine Narrheit nicht abkaufen ließ. Die Arbeit war unter viele verteilt, das sieht man an diesem Bild. Diejenigen, welche die Form bestimmten, kümmerten sich nicht um den Zweck der Gegenstände; aus dieser Kanne kann man kein Wasser eingießen. Es muß damals viele Menschen gegeben haben, welche ausschließlich als Gebrauchsgegenstände betrachtet wurden. Auch dagegen mußten die Künstler sich zur Wehr setzen. Ein barbarisches Zeitalter, das Altertum!« Herr K. wurde darauf aufmerksam gemacht, daß das Bild aus der Gegenwart stammte. »Ja«, sagte Herr K. traurig, »aus dem Altertum.«

Vilhelm Lundström (1893–1950), dän. Maler

Aus: *Kalendergeschichten* (1949)

Rechtsprechung

Herr K. nannte oft als in gewisser Weise vorbildlich eine Rechtsvorschrift des alten China, nach der für große Prozesse die Richter aus entfernten Provinzen herbeigeholt wurden. So konnten sie nämlich viel schwerer bestochen werden (und mußten also weniger unbestechlich sein), da die ortsansässigen Richter über ihre Unbestechlichkeit wachten – also Leute, die gerade in dieser Beziehung sich genau auskannten und ihnen übelwollten. Auch kannten diese herbeigeholten Richter die Gebräuche und Zustände der Gegend nicht aus der alltäglichen Erfahrung. Unrecht gewinnt oft Rechtscharakter einfach dadurch, daß es häufig vorkommt. Die Neuen mußten sich alles neu berichten lassen; wodurch sie das Auffällige daran wahrnahmen. Und endlich waren sie nicht gezwungen, um der Tugend der Objektivität willen, viele andere Tugenden wie die Dankbarkeit, die Kindesliebe, die Arglosigkeit gegen die nächsten Bekannten zu verletzen oder so viel Mut zu haben, sich unter ihrer Umgebung Feinde zu machen.

Aus: *Kalendergeschichten* (1949)

Eine gute Antwort

Ein Prolet* wurde vor Gericht gefragt, ob er ⌜die weltliche oder die kirchliche Form des Eides⌝ benutzen wolle. Er antwortete: »Ich bin arbeitslos.« »Dies war nicht nur Zerstreutheit«, sagte Herr K. »Durch diese Antwort gab er zu erkennen, daß er sich in einer Lage befand, wo solche Fragen, ja vielleicht das ganze Gerichtsverfahren als solches, keinen Sinn mehr haben.«

*Ugs. Abk.v. Proletarier (Arbeiter)

Aus: *Kalendergeschichten* (1949)

Sokrates

Nach der Lektüre eines Buches über die Geschichte der Philosophie äußerte sich Herr K. abfällig über die Versuche der Philosophen, die Dinge als grundsätzlich unerkennbar hinzustellen. »Als die Sophisten* ⌜vieles zu wissen behaupteten⌝, ohne etwas studiert zu haben«, sagte er, »trat der Sophist Sokrates* hervor mit der arroganten Behauptung, ⌜er wisse, daß er nichts wisse⌝. Man hätte erwartet, daß er seinem Satz anfügen würde: denn auch ich habe nichts studiert. (Um etwas zu wissen, müssen wir studieren.) Aber er scheint nicht weitergesprochen zu haben, und vielleicht hätte auch der unermeßliche Beifall, der nach seinem ersten Satz losbrach, und der zweitausend Jahre dauerte, jeden weiteren Satz verschluckt.«

Altgriech. Philosophenschule

Sokrates (470–399 v.d.Z.), griech. Philosoph

Aus: *Kalendergeschichten* (1949)

Der Gesandte

Neulich sprach ich mit Herrn K. über den Fall des Gesandten einer fremden Macht, Herrn X., der in unserm Land gewisse Aufträge seiner Regierung ausgeführt hatte und nach seiner Rückkehr, wie wir mit Bedauern erfuhren, streng gemaßregelt wurde, obgleich er mit großen Erfolgen zurückgekehrt war. »Es wurde ihm vorgehalten, daß er, um seine Aufträge auszuführen, sich allzu tief mit uns, den Feinden, eingelassen habe«, sagte ich. »Glauben Sie denn, er hätte ohne ein solches Verhalten Erfolg haben können?« – »Sicher nicht«, sagte Herr K., »er mußte gut essen, um mit seinen Feinden verhandeln zu können, er mußte Verbrechern schmeicheln und sich über sein Land lustig machen, um sein Ziel zu erreichen.« – »Dann hat er also richtig gehandelt?« fragte ich. »Ja, natürlich«, sagte Herr K. zerstreut. »Er hat da richtig gehandelt.« Und Herr K. wollte sich von mir verabschieden. Ich hielt ihn jedoch am Ärmel zurück. »Warum wurde er dann mit dieser Verachtung bedacht, als er zurückkam?« rief ich empört. »Er wird wohl an das gute Essen sich gewöhnt, den Verkehr mit Verbrechern fortgesetzt haben und in seinem Urteil unsicher geworden sein«, sagte Herr K. gleichgültig, »und da mußten sie ihn maßregeln.« »Und das war Ihrer Meinung nach von ihnen richtig gehandelt?« fragte ich entsetzt. – »Ja, natürlich, wie sollten sie sonst handeln?« sagte Herr K. »Er hatte den Mut und das Verdienst, eine tödliche Aufgabe zu übernehmen. Dabei starb er. Sollten sie ihn nun, anstatt ihn zu begraben, in der Luft verfaulen lassen und den Gestank ertragen?«

Aus: *Kalendergeschichten* (1949)

Der natürliche Eigentumstrieb

Als jemand in einer Gesellschaft den Eigentumstrieb natürlich nannte, erzählte Herr K. die folgende Geschichte von den alteingesessenen Fischern: An der Südküste von Island gibt es Fischer, die das dortige Meer vermittels festverankerter Bojen in einzelne Stücke zerlegt und unter sich aufgeteilt haben. An diesen Wasserfeldern hängen sie mit großer Liebe als an ihrem Eigentum. Sie fühlen sich mit ihnen verwachsen, würden sie, auch wenn keine Fische mehr darin zu finden wären, niemals aufgeben und verachten die Bewohner der Hafenstädte, an die sie, was sie fischen, verkaufen, da diese ihnen als ein oberflächliches, der Natur entwöhntes Geschlecht vorkommen. Sie selbst nennen sich wasserständig. Wenn sie größere Fische fangen, behalten sie dieselben bei sich in Bottichen*, geben ihnen Namen und hängen sehr an ihnen als an ihrem Eigentum. Seit einiger Zeit soll es ihnen wirtschaftlich schlechtgehen, jedoch weisen sie alle Reformbestrebungen mit Entschiedenheit zurück, so daß schon mehrere Regierungen, die ihre Gewohnheiten mißachteten, von ihnen gestürzt wurden. Solche Fischer beweisen unwiderlegbar die Macht des Eigentumstriebes, dem der Mensch von Natur aus unterworfen ist.

* Große Holzgefäße

Aus: *Kalendergeschichten* (1949)

Wenn die Haifische Menschen wären

»Wenn die ⌜Haifische⌝ Menschen wären«, fragte Herrn K. die kleine Tochter seiner Wirtin, »wären sie dann netter zu den ⌜kleinen Fischen⌝?« »Sicher«, sagte er. »Wenn die Haifische Menschen wären, würden sie im Meer für die kleinen Fische gewaltige Kästen bauen lassen, mit allerhand Nahrung drin, sowohl Pflanzen als auch Tierzeug*. Sie würden sorgen, daß die Kästen immer frisches Wasser hätten, und sie würden überhaupt allerhand sanitäre Maßnahmen treffen. Wenn zum Beispiel ein Fischlein sich die Flosse verletzen würde, dann würde ihm sogleich ein Verband gemacht, damit es den Haifischen nicht wegstürbe vor der Zeit. Damit die Fischlein nicht trübsinnig würden, gäbe es ab und zu große Wasserfeste; denn lustige Fischlein schmecken besser als trübsinnige. Es gäbe natürlich auch Schulen in den großen Kästen. In diesen Schulen würden die Fischlein lernen, wie man in den Rachen der Haifische schwimmt. Sie würden zum Beispiel Geographie brauchen, damit sie die großen Haifische, die faul irgendwo liegen, finden könnten. Die Hauptsache wäre natürlich die moralische Ausbildung der Fischlein. Sie würden unterrichtet werden, daß es das Größte und Schönste sei, wenn ein Fischlein sich freudig aufopfert, und daß sie alle an die Haifische glauben müßten, vor allem, wenn sie sagten, sie würden für eine schöne Zukunft sorgen. Man würde den Fischlein beibringen, daß diese Zukunft nur gesichert sei, wenn sie Gehorsam lernten. Vor allen ⌜niedrigen, materialistischen*, egoistischen⌝ und marxistischen* Neigungen müßten sich die Fischlein hüten und es sofort den Haifischen melden, wenn eines von ihnen solche Neigungen verriete. Wenn die Haifische Menschen wären, würden sie natürlich auch untereinander Kriege führen, um fremde Fischkästen und fremde Fischlein zu erobern. Die Kriege würden sie von ihren eigenen Fischlein führen lassen. Sie

Tierisches Futter

Weltanschauung, Gegensatz zu Idealismus

Nach Karl Marx (1818–1883), dt. Philosoph, Kritiker der Nationalökonomie

Aus: *Kalendergeschichten* (1949)

würden die Fischlein lehren, daß zwischen ihnen und den Fischlein der anderen Haifische ein riesiger Unterschied bestehe. Die Fischlein, würden sie verkünden, sind bekanntlich stumm, aber sie schweigen in ganz verschiedenen Sprachen und können einander daher unmöglich verstehen. Jedem Fischlein, das im Krieg ein paar andere Fischlein, feindliche, in anderer Sprache schweigende Fischlein tötete, würden sie einen kleinen Orden aus Seetang anheften und den Titel Held verleihen. Wenn die Haifische Menschen wären, gäbe es bei ihnen natürlich auch eine Kunst. Es gäbe schöne Bilder, auf denen die Zähne der Haifische in prächtigen Farben, ihre Rachen als reine Lustgärten, in denen es sich prächtig tummeln läßt, dargestellt wären. Die Theater auf dem Meeresgrund würden zeigen, wie heldenmütige Fischlein begeistert in die Haifischrachen schwimmen, und die Musik wäre so schön, daß die Fischlein unter ihren Klängen, die Kapelle voran, träumerisch, und in allerangenehmste Gedanken eingelullt, in die Haifischrachen strömten. Auch eine Religion gäbe es ja, wenn die Haifische Menschen wären. Sie würde lehren, daß die Fischlein erst im Bauch der Haifische richtig zu leben begännen. Übrigens würde es auch aufhören, wenn die Haifische Menschen wären, daß alle Fischlein, wie es jetzt ist, gleich sind. Einige von ihnen würden Ämter bekommen und über die anderen gesetzt werden. Die ein wenig größeren dürften sogar die kleineren auffressen. Das wäre für die Haifische nur angenehm, da sie dann selber öfter größere Brocken zu fressen bekämen. Und die größern, Posten habenden Fischlein würden für die Ordnung unter den Fischlein sorgen, Lehrer, Offiziere, Ingenieure im Kastenbau und so weiter werden. Kurz, es gäbe überhaupt erst eine Kultur im Meer, wenn die Haifische Menschen wären.«

Aus: *Kalendergeschichten* (1949)

Das Lob

Als Herr K. hörte, daß er von früheren Schülern gelobt wurde, sagte er: »Nachdem die Schüler schon längst die Fehler des Meisters vergessen haben, erinnert er selbst sich noch immer daran.«

Aus: *Kalendergeschichten* (1949)

Warten

Herr K. wartete auf etwas einen Tag, dann eine Woche, dann noch einen Monat. Am Schlusse sagte er: »Einen Monat hätte ich ganz gut warten können, aber nicht diesen Tag und diese Woche.«

Aus: *Kalendergeschichten* (1949)

Der Zweckdiener

Herr K. stellte die folgenden Fragen:
»Jeden Morgen macht mein Nachbar Musik auf einem Grammophonkasten. Warum macht er Musik? Ich höre, weil er turnt. Warum turnt er? Weil er Kraft benötigt, höre ich. Wozu benötigt er Kraft? Weil er seine Feinde in der Stadt besiegen muß, sagt er. Warum muß er Feinde besiegen? Weil er essen will, höre ich.«
Nachdem Herr K. dies gehört hatte, daß sein Nachbar Musik mache, um zu turnen, turne, um kräftig zu sein, kräftig sein wolle, um seine Feinde zu erschlagen, seine Feinde erschlage, um zu essen, stellte er seine Frage: »Warum ißt er?«

Aus: *Kalendergeschichten* (1949)

Die Kunst, nicht zu bestechen

Herr K. empfahl einen Mann an einen Kaufmann, seiner Unbestechlichkeit wegen. Nach zwei Wochen kam der Kaufmann wieder zu Herrn K. und fragte ihn: »Was hast du gemeint mit Unbestechlichkeit?« Herr K. sagte: »Wenn ich sage, der Mann, den du anstellst, ist unbestechlich, meinte ich damit: du kannst ihn nicht bestechen.« »So«, sagte der Kaufmann betrübt, »nun, ich habe Grund zu fürchten, daß sich dein Mann sogar von meinen Feinden bestechen läßt.« »Das weiß ich nicht«, sagte Herr K. uninteressiert. »Mir aber«, rief der Kaufmann erbittert, »redet er immerfort nach dem Mund, also läßt er sich auch von mir bestechen!« Herr K. lächelte eitel. »Von mir läßt er sich nicht bestechen«, sagte er.

Aus: *Kalendergeschichten* (1949)

Vaterlandsliebe, der Haß gegen Vaterländer

Herr K. hielt es nicht für nötig, in einem bestimmten Lande zu leben. Er sagte: »Ich kann überall hungern.« Eines Tages aber ging er durch eine Stadt, die vom Feind des Landes besetzt war, in dem er lebte. Da kam ihm entgegen ein Offizier dieses Feindes und zwang ihn, vom Bürgersteig herunterzugehen. Herr K. ging herunter und nahm an sich wahr, daß er gegen diesen Mann empört war, und zwar nicht nur gegen diesen Mann, sondern besonders gegen das Land, dem der Mann angehörte, also daß er wünschte, es möchte vom Erdboden vertilgt werden. »Wodurch«, fragte Herr K., »bin ich für diese Minute ein Nationalist geworden? Dadurch, daß ich einem Nationalisten begegnete. Aber darum muß man die Dummheit ja ausrotten, weil sie dumm macht, die ihr begegnen.«

Hungern

Herr K. hatte anläßlich einer Frage nach dem Vaterland die Antwort gegeben: »Ich kann überall hungern.« Nun fragte ihn ein genauer Hörer, woher es komme, daß er sage, er hungere, während er doch in Wirklichkeit zu essen habe. Herr K. rechtfertigte sich, indem er sagte: »Wahrscheinlich wollte ich sagen, ich kann überall leben, wenn ich leben will, wo Hunger herrscht. Ich gebe zu, daß es ein großer Unterschied ist, ob ich selber hungere oder ob ich lebe, wo Hunger herrscht. Aber zu meiner Entschuldigung darf ich wohl anführen, daß für mich leben, wo Hunger herrscht, wenn nicht ebenso schlimm wie hungern, so doch wenigstens sehr schlimm ist. Es wäre ja für andere nicht wichtig, wenn ich Hunger hätte, aber es ist wichtig, daß ich dagegen bin, daß Hunger herrscht.«

Aus: *Kalendergeschichten* (1949)

Vorschlag, wenn der Vorschlag nicht beachtet wird

Herr K. empfahl, womöglich jedem Vorschlag zur Güte noch einen weiteren Vorschlag beizufügen, für den Fall, daß der Vorschlag nicht beachtet wird. Als er zum Beispiel jemandem, der in schlechter Lage war, ein bestimmtes Vorgehen angeraten hatte, das so wenige andere schädigte wie möglich, beschrieb er noch ein anderes Vorgehen, weniger harmlos, aber noch nicht das rücksichtsloseste. »Wer nicht alles kann«, sagte er, »dem soll man nicht das Wenigere* erlassen.«

Ungebräuchliche Steigerung von »Das Wenige«

Der unentbehrliche Beamte

Von einem Beamten, der schon ziemlich lange in seinem Amt saß, hörte Herr K. rühmenderweise, ⌜er sei unentbehrlich⌝, ein so guter Beamter sei er. »Wieso ist er unentbehrlich?« fragte Herr K. ärgerlich. »Das Amt liefe nicht ohne ihn«, sagten seine Lober. »Wie kann er da ein guter Beamter sein, wenn das Amt nicht ohne ihn liefe?« sagte Herr K., »er hat Zeit genug gehabt, sein Amt so weit zu ordnen, daß er entbehrlich ist. Womit beschäftigt er sich eigentlich? Ich will es euch sagen: mit Erpressung!«

Aus: *Kalendergeschichten* (1949)

Überzeugende Fragen

»Ich habe bemerkt«, sagte Herr K., »daß wir viele abschrecken von unserer Lehre dadurch, daß wir auf alles eine Antwort wissen. Könnten wir nicht im Interesse der Propaganda eine Liste der Fragen aufstellen, die uns ganz ungelöst erscheinen?«

Aus: *Kalendergeschichten* (1949)

Mühsal der Besten

»Woran arbeiten Sie?« wurde Herr K. gefragt. Herr K. antwortete: »Ich habe viel Mühe, ich bereite meinen nächsten Irrtum vor.«

Aus: *Kalendergeschichten* (1949)

Erträglicher Affront*

Beleidigung, Kränkung

Ein Mitarbeiter Herrn K.s wurde beschuldigt, er nehme eine unfreundliche Haltung zu ihm ein. »Ja, aber nur hinter meinem Rücken«, verteidigte ihn Herr K.

Aus: *Kalendergeschichten* (1949)

Zwei Städte

Herr K. zog ⌜die Stadt B. der Stadt A.⌝ vor. »In der Stadt A.«, sagte er, »liebt man mich; aber in der Stadt B. war man zu mir freundlich. In der Stadt A. machte man sich mir nützlich; aber in der Stadt B. brauchte man mich. In der Stadt A. bat man mich an den Tisch; aber in der Stadt B. bat man mich in die Küche.«

Aus: *Kalendergeschichten* (1949)

Das Wiedersehen

Ein Mann, der Herrn K. lange nicht gesehen hatte, begrüßte ihn mit den Worten: »Sie haben sich gar nicht verändert.«
»Oh!« sagte Herr Keuner und erbleichte.

Aus: *Kalendergeschichten* (1949)

1953

Form und Stoff

Herr K. betrachtete ein Gemälde, das einigen Gegenständen eine sehr eigenwillige Form verlieh. Er sagte: »Einigen Künstlern geht es, wenn sie die Welt betrachten, wie vielen Philosophen. Bei der Bemühung um die Form geht der Stoff verloren. Ich arbeitete einmal bei einem Gärtner. Er händigte mir eine Gartenschere aus und hieß mich einen Lorbeerbaum beschneiden. Der Baum stand in einem Topf und wurde zu Festlichkeiten ausgeliehen. Dazu mußte er die Form einer Kugel haben. Ich begann sogleich mit dem Abschneiden der wilden Triebe, aber wie sehr ich mich auch mühte, die Kugelform zu erreichen, es wollte mir lange nicht gelingen. Einmal hatte ich auf der einen, einmal auf der andern Seite zu viel weggestutzt. Als es endlich eine Kugel geworden war, war die Kugel sehr klein. Der Gärtner sagte enttäuscht: ›Gut, das ist die Kugel, aber wo ist der Lorbeer?‹«

Aus: *Versuche* (1953)

Gespräche

»Wir können nicht mehr miteinander sprechen«, sagte Herr K. zu einem Mann. »Warum?« fragte der erschrokken. »Ich bringe in Ihrer Gegenwart nichts Vernünftiges hervor«, beklagte sich Herr K. »Aber das macht mir doch nichts«, tröstete ihn der andere. – »Das glaube ich«, sagte Herr K. erbittert, »aber mir macht es etwas.«

Gastfreundschaft

Wenn Herr K. Gastfreundschaft in Anspruch nahm, ließ er seine Stube, wie er sie antraf, denn er hielt nichts davon, daß Personen ihrer Umgebung den Stempel aufdrückten. Im Gegenteil bemühte er sich, sein Wesen so zu ändern, daß es zu der Behausung paßte; allerdings durfte, was er gerade vorhatte, nicht darunter leiden.
Wenn Herr K. Gastfreundschaft gewährte, rückte er mindestens einen Stuhl oder einen Tisch von seinem bisherigen Platz an einen andern, so auf seinen Gast eingehend. »Und es ist besser, ich entscheide, was zu ihm paßt!« sagte er.

Aus: *Versuche* (1953)

Wenn Herr K. einen Menschen liebte

»Was tun Sie«, wurde Herr K. gefragt, »wenn Sie einen Menschen lieben?« »Ich mache einen Entwurf von ihm«, sagte Herr K., »und sorge, daß er ihm ähnlich wird.« »Wer? Der Entwurf?« »Nein«, sagte Herr K., »der Mensch.«

Aus: *Versuche* (1953)

Über die Störung des »Jetzt für das Jetzt«

Eines Tages zu Gast bei einigermaßen fremden Leuten, entdeckte Herr K., daß seine Wirte auf einem kleinen Tisch in der Ecke des Schlafzimmers, vom Bett aus sichtbar, schon das Geschirr für das Frühstück niedergestellt hatten. Er beschäftigte sich damit noch, nachdem er zunächst seine Wirte in Gedanken gelobt hat, daß sie eilten, mit ihm fertig zu werden. Er überlegt, ob auch er selbst das Geschirr für das Frühstück nachts vor dem Zubettgehen bereitstellen würde. Nach einigem Nachdenken findet er es für sich zu bestimmten Zeiten richtig. Ebenfalls richtig findet er es, daß auch andere sich gelegentlich für einige Zeit mit dieser Frage befassen.

Aus: *Versuche* (1953)

Erfolg

Herr K. sah eine Schauspielerin vorbeigehen und sagte: »Sie ist schön.« Sein Begleiter sagte: »Sie hat neulich Erfolg gehabt, weil sie schön ist.« Herr K. ärgerte sich und sagte: »Sie ist schön, weil sie Erfolg gehabt hat.«

Aus: *Versuche* (1953)

Herr K. und die Katzen

Herr K. liebte die Katzen nicht. Sie schienen ihm keine Freunde der Menschen zu sein; also war er auch nicht ihr Freund. »Hätten wir gleiche Interessen«, sagte er, »dann wäre mir ihre feindselige Haltung gleichgültig.« Aber Herr K. verscheuchte die Katzen nur ungern von seinem Stuhl. »Sich zur Ruhe zu legen, ist eine Arbeit«, sagte er; »sie soll Erfolg haben.« Auch wenn Katzen vor seiner Tür jaulten, stand er auf vom Lager, selbst bei Kälte, und ließ sie in die Wärme ein. »Ihre Rechnung ist einfach«, sagte er, »wenn sie rufen, öffnet man ihnen. Wenn man ihnen nicht mehr öffnet, rufen sie nicht mehr. Rufen, das ist ein Fortschritt.«

Aus: *Versuche* (1953)

Herrn K.s Lieblingstier

Als Herr K. gefragt wurde, welches Tier er vor allen schätze, nannte er den Elefanten und begründete dies so: Der Elefant vereint List mit Stärke. Das ist nicht die kümmerliche List, die ausreicht, einer Nachstellung zu entgehen oder ein Essen zu ergattern, indem man nicht auffällt, sondern die List, welcher die Stärke für große Unternehmungen zur Verfügung steht. Wo dieses Tier war, führt eine breite Spur. Dennoch ist es gutmütig, es versteht Spaß. Es ist ein guter Freund, wie es ein guter Feind ist. Sehr groß und schwer, ist es doch auch sehr schnell. Sein Rüssel führt einem enormen Körper auch die kleinsten Speisen zu, auch Nüsse. Seine Ohren sind verstellbar: er hört nur, was ihm paßt. Er wird auch sehr alt. Er ist auch gesellig, und dies nicht nur zu Elefanten. Überall ist er sowohl beliebt als auch gefürchtet. Eine gewisse Komik macht es möglich, daß er sogar verehrt werden kann. Er hat eine dicke Haut, darin zerbrechen die Messer; aber sein Gemüt ist zart. Er kann traurig werden. Er kann zornig werden. Er tanzt gern. Er stirbt im Dickicht. Er liebt Kinder und andere kleine Tiere. Er ist grau und fällt nur durch seine Masse auf. Er ist nicht eßbar. Er kann gut arbeiten. Er trinkt gern und wird fröhlich. Er tut etwas für die Kunst: er liefert Elfenbein.

Aus: *Versuche* (1953)

Das Altertum

Abstrakte Stilrichtung in der modernen Malerei

Vor einem »konstruktivistischen«* Bild des Malers Lundström, einige Wasserkannen darstellend, sagte Herr K.: »Ein Bild aus dem Altertum, aus einem barbarischen Zeitalter! Damals kannten die Menschen wohl nichts mehr auseinander, das Runde erschien nicht mehr rund, das Spitze nicht mehr spitz. Die Maler mußten es wieder zurechtrücken und den Kunden etwas Bestimmtes, Eindeutiges, Festgeformtes zeigen; sie sahen soviel Undeutliches, Fließendes, Zweifelhaftes; sie waren so sehr ausgehungert nach Unbestechlichkeit, daß sie einem Mann schon zujubelten, wenn er sich seine Narrheit nicht abkaufen ließ. Die Arbeit war unter viele verteilt, das sieht man an diesem Bild. Diejenigen, welche die Form bestimmten, kümmerten sich nicht um den Zweck der Gegenstände; aus dieser Kanne kann man kein Wasser eingießen. Es muß damals viele Menschen gegeben haben, welche ausschließlich als Gebrauchsgegenstände betrachtet wurden. Auch dagegen mußten die Künstler sich zur Wehr setzen. Ein barbarisches Zeitalter, das Altertum!« Herr K. wurde darauf aufmerksam gemacht, daß das Bild aus der Gegenwart stammte. »Ja«, sagte Herr K. traurig, »aus dem Altertum.«

Aus: *Versuche* (1953)

Eine gute Antwort

⌜Ein Arbeiter⌝ wurde vor Gericht gefragt, ob er die weltliche oder die kirchliche Form des Eides benutzen wolle. Er antwortete: »Ich bin arbeitslos.« »Dies war nicht nur Zerstreutheit«, sagte Herr K. »Durch diese Antwort gab er zu erkennen, daß er sich in einer Lage befand, wo solche Fragen, ja vielleicht das ganze Gerichtsverfahren als solches keinen Sinn mehr haben.«

Aus: *Versuche* (1953)

Das Lob

Als Herr K. hörte, daß er von früheren Schülern gelobt wurde, sagte er: »Nachdem die Schüler schon längst die Fehler des Meisters vergessen haben, erinnert er selbst sich noch immer daran.«

Aus: *Versuche* (1953)

Zwei Städte

Herr K. zog die Stadt B. der Stadt A. vor. »In der Stadt A.«, sagte er, »liebt man mich; aber in der Stadt B. war man zu mir freundlich. In der Stadt A. machte man sich mir nützlich; aber in der Stadt B. brauchte man mich. In der Stadt A. bat man mich an den Tisch; aber in der Stadt B. bat man mich in die Küche.«

Aus dem Nachlass

Wenn man nur an sich denkt, kann man nicht glauben, daß man Irrtümer begeht, und kommt also nicht weiter. Darum muß man an jene denken, die nach einem weiter arbeiten. Nur so verhindert man, daß etwas fertig wird.

Herr Keuner hatte wenig Menschenkenntnis, er sagte: Menschenkenntnis ist nur nötig, wo Ausbeutung im Spiele ist. *Denken heißt verändern.* Wenn ich an einen Menschen denke, dann verändere ich ihn, beinahe kommt mir vor, er sei gar nicht so, wie er ist, sondern er sei nur so gewesen, als ich über ihn zu denken anfing.

Als Herr Keuner in einer Gesellschaft seiner Zeit von der reinen Erkenntnis sprach und erwähnte, daß sie nur durch die Bekämpfung der Bestechlichkeit angestrebt werden könne, fragten ihn etliche beiläufig, was alles zu Bestechlichkeit gehöre. Geld, sagte Herr Keuner schnell. Da entstand ein großes Ah und Oh der Verwunderung in der Gesellschaft und sogar ein Kopfschütteln der Entrüstung. Dies zeigt, daß man etwas Feineres erwartet hatte. So verriet man den Wunsch, die Bestochenen möchten doch durch etwas Feines, Geistiges bestochen worden sein und: man möchte doch einem bestochenen Mann vorwerfen dürfen, daß es ihm an Geist fehle.

Viele, sagt man, ließen sich durch Ehren bestechen. Damit meinte man: nicht durch Geld. Und während man Leuten, denen nachgewiesen war, daß sie unrechterweise Geld genommen hatten, das Geld wieder abnahm, wünscht man jenen, die ebenso unrechterweise Ehre genommen haben, Ehre zu lassen.

So ziehen es viele, die der Ausbeutung angeklagt werden, vor, glauben zu machen, sie hätten das Geld genommen, um herrschen zu können, als daß sie sich sagen lassen, sie hätten geherrscht, um Geld zu nehmen. Aber wo Geldhaben herrschen bedeutet, da ist herrschen nichts, was Geldstehlen entschuldigen kann.

Herr Keuner begegnete Herrn Wirr, dem Kämpfer gegen die Zeitungen. Ich bin ein großer Gegner der Zeitungen, sagte Herr Wirr, ich will keine Zeitungen. Herr Keuner sagte: Ich bin ein größerer Gegner der Zeitungen: ich will andere Zeitungen.

Schreiben Sie mir auf einen Zettel, sagte Herr Keuner zu Herrn Wirr, was Sie verlangen, damit Zeitungen erscheinen können. Denn Zeitungen werden erscheinen, verlangen Sie aber ein Minimum. Wenn Sie zum Beispiel Bestechliche zuließen, sie zu verfertigen, so wäre es mir lieber, als Sie Unbestechliche verlangten, denn ich würde sie dann einfach bestechen, damit sie die Zeitungen verbesserten. Aber selbst wenn Sie Unbestechliche verlangten, so wollen wir doch anfangen, solche zu suchen, und wenn wir keine finden, so wollen wir doch anfangen, welche zu erzeugen. Schreiben Sie auf einen Zettel, wie die Zeitungen sein sollen, und wenn wir eine Ameise finden, die den Zettel billigt, so wollen wir gleich anfangen. Diese Ameise wird uns mehr helfen, die Zeitungen zu verbessern, als ein allgemeines Geschrei über die Unverbesserlichkeit der Zeitungen. ⌜Eher nämlich wird ein Gebirge⌝ durch eine einzige Ameise beseitigt als durch das Gerücht, es sei nicht zu beseitigen.

Wenn ⌜die Zeitungen⌝ ein Mittel zur Unordnung sind, so sind sie auch ein Mittel zur Ordnung. Gerade Leute wie Herr Wirr bewiesen durch ihre Unzufriedenheit den Wert der Zeitungen. Herr Wirr meint, der heutige Unwert der Zeitungen beschäftige ihn, aber in Wirklichkeit ist es der morgige Wert.

Herr Wirr hielt den Menschen für hoch und die Zeitungen für unverbesserbar, Herr Keuner hingegen hielt den Menschen für niedrig und die Zeitungen für verbesserbar. Alles kann besser werden, sagte Herr Keuner, außer dem Menschen.

Zu Herrn Keuner, dem Denkenden, kam der Schüler Tief und sagte: Ich will die Wahrheit wissen.

Die Wahrheit ist bekannt. Welche Wahrheit willst du wissen, die über den Fischhandel? Oder die über das Steuerwesen? Wenn du dadurch, daß sie dir die Wahrheit über den Fischhandel sagen, ihre Fische nicht mehr hoch bezahlst, wirst du sie nicht erfahren, sagte Herr Keuner.

»Als der Denkende in einen großen Sturm kam, saß er in einem großen Wagen und nahm viel Platz ein. Das erste war, daß er aus seinem Wagen stieg. Das zweite war, daß er seinen Rock ablegte. Das dritte war, daß er sich auf den Boden legte. So überstand er den Sturm in seiner kleinsten Größe.«
Dies lesend, sagte Herr K.: Es ist nützlich, sich die Ansichten der andern über einen selber zu eigen zu machen. Sie verstehen einen sonst nicht.

Wer kennt wen?

Herr Keuner befragte zwei Frauen über ihren Mann.
Die eine gab folgende Auskunft:
»Ich habe 20 Jahre mit ihm gelebt. Wir schliefen in einem Zimmer und auf einem Bett. Wir aßen die Mahlzeiten zusammen. Er erzählte mir alle seine Geschäfte. Ich lernte seine Eltern kennen und verkehrte mit allen seinen Freunden. Ich wußte alle seine Krankheiten, die er selber wußte, und einige mehr. Von allen, die ihn kennen, kenne ich ihn am besten.«
»Kennst du ihn also?« fragte Herr Keuner.
»Ich kenne ihn.«
Herr Keuner fragte noch eine andere Frau nach ihrem Mann. Die gab folgende Auskunft:
»Er kam oft längere Zeit nicht, und ich wußte nie, ob er wiederkommen würde. Seit einem Jahr ist er nicht mehr gekommen. Ich weiß nicht, ob er wiederkommen wird. Ich weiß nicht, ob er aus den guten Häusern kommt oder aus den Hafengassen. Es ist ein gutes Haus, in dem ich wohne. Ob er zu mir auch in ein schlechtes käme, wer weiß es? Er erzählt nichts und spricht mit mir nur von *meinen* Angelegenheiten. Diese kennt er genau. Ich weiß, was er sagt, weiß ich es? Wenn er kommt, hat er manchmal Hunger, manchmal aber ist er satt. Aber er ißt nicht immer, wenn er Hunger hat, und wenn er satt ist, lehnt er eine Mahlzeit nicht ab. Einmal kam er mit einer Wunde. Ich verband sie ihm. Einmal wurde er hereingetragen. Einmal jagte er alle Leute aus meinem Haus. Wenn ich ihn ›dunkler Herr‹ nenne, lacht er und sagt: Was weg ist, ist dunkel, was aber da ist, ist hell. Manchmal aber wird er finster über dieser Anrede. Ich weiß nicht, ob ich ihn liebe. Ich …«
»Sprich nicht weiter«, sagte Herr Keuner hastig. »Ich sehe, du kennst ihn. Mehr kennt kein Mensch einen andern als du ihn.«

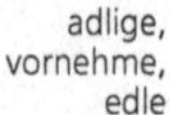

Herr Keuner sagte: »Auch ich habe einmal eine aristokratische* ⌜Haltung⌝ (ihr wißt: gerade und aufrecht und stolz, den Kopf zurückgeworfen) genommen: ich stand nämlich in einem steigenden Wasser. Als es mir bis zum Kinn ging, nahm ich diese Haltung ein.«

Herr Keuner ging durch ein Tal, als er plötzlich bemerkte, daß seine Füße in Wasser gingen. Da erkannte er, daß sein Tal in Wirklichkeit ein Meeresarm war und daß die Zeit der Flut herannahte. Er blieb sofort stehen, um sich nach einem Kahn umzusehen, und solange er auf einen Kahn hoffte, blieb er stehen. Als aber kein Kahn in Sicht kam, gab er diese Hoffnung auf und hoffte, daß das Wasser nicht mehr steigen möchte. Erst als ihm das Wasser bis ans Kinn ging, gab er auch diese Hoffnung auf und schwamm. Er hatte erkannt, daß er selber ein Kahn war.

Herr Keuner und der Arzt

Herr Keuner lebte gemäß seiner Zeit und so wurde er krank. Dadurch fand er einen Arzt, der ihm in manchem half; aber zu seinem großen Kummer kam diese Hilfe zustande durch unerklärliche Gabe eines geschickten Blickes und gefühlsmäßige Handgriffe, statt durch ein übertragbares und zu kontrollierendes System. Keuner drängte also den Arzt immerfort, alles aufzuschreiben, was er wisse, so daß andere es ihm gleichtun könnten. Da erfuhr Herr Keuner eines Tages, daß der Arzt religiös war und an »etwas hinter den Dingen« glaubte. Von diesem Augenblick an drang er nicht mehr in den Mann, denn er wußte jetzt, daß jener nicht wußte, was er machte.

Warum, sagte Herr Keuner, hätte er sonst einen Gott zu erfinden brauchen?

⌈Der Arzt Schmitt⌉ sagte zu Herrn Keuner beleidigt: »Ich habe über so vieles gesprochen, was unbekannt war. Und ich habe nicht nur gesprochen, sondern auch geheilt.«

»Ist es jetzt bekannt, was du behandelt hast?« fragte Herr Keuner.

Schmitt sagte, »Nein«. »Es ist besser«, sagte H. K. schnell, »daß Unbekanntes unbekannt bleibt, als daß die Geheimnisse vermehrt werden.«

Warum bist du krank? fragten Herrn Keuner die Leute. Weil der Staat nicht in Ordnung ist, antwortete er. Darum ist meine Lebensweise nicht in Ordnung, und meine Nieren, meine Muskeln und mein Herz kommen in Unordnung.

Wenn ich in die Städte komme, geht alles entweder schneller oder langsamer als ich. Ich rede nur zu Redenden und horche nur, wenn alle horchen. Aller Gewinn meiner Zeit kommt aus der Unklarheit, aus der Klarheit kommt kein Gewinn, außer es besitzt sie nur einer.

Dadurch, daß die Menschen heute zum Schaden des einzelnen ausgebeutet werden und dies also nicht wünschen, darf man sich nicht darüber täuschen lassen, daß die Menschen es wünschen, ausgebeutet zu werden. Die Schuld der sie zu ihrem Schaden Ausbeutenden ist um so größer, als sie hier einen Wunsch von großer Sittlichkeit mißbrauchen.

Das einzige, was Herr Keuner über den Stil sagte, ist: Er sollte zitierbar sein.
⌜Ein Zitat ist unpersönlich.⌝ Was sind die besten Söhne? Jene, welche den Vater vergessen machen!

Herr Keuner sah irgendwo einen alten Stuhl von großer Schönheit der Arbeit und kaufte ihn sich. Er sagte: Ich hoffe auf Manches zu kommen, wenn ich nachdenke, wie ein Leben eingerichtet sein müßte, in dem ein solcher Stuhl wie der da gar nicht auffiele oder ein Genuß an ihm nichts Schimpfliches noch Auszeichnendes hätte.

Einige Philosophen, erzählte Herr Keuner, stellten die Frage auf, wie wohl ein Leben aussehen müßte, das jederzeit in einer entscheidenden Lage vom letzten Schlager* sich leiten ließe. Wenn wir ein gutes Leben in der Hand hätten, brauchten wir tatsächlich weder große Beweggründe noch sehr weise Ratschläge, und die ganze Auswählerei hörte auf, sagte Herr Keuner, der Anerkennung über diese Frage voll.

* nach der letzten Mode

Zu Herrn Keuner, dem Denkenden, kam ein falscher Schüler und erzählte ihm: In Amerika gibt es ein Kalb mit fünf Köpfen. Was sagst du darüber? Herr Keuner sagte: Ich sage nichts. Da freute sich der falsche Schüler und sagte: Je weiser du wärest, desto mehr könntest du darüber sagen.

Der Dumme erwartet viel. Der Denkende sagt wenig.

Der Denkende bedient sich der Wissenschaft, indem er aus ihr seine Gleichnisse gewinnt. Solange er aus den Gleichnissen nichts beweist, sondern alles veranschaulicht, kann die Wissenschaft nichts schaden.

Die Weisheit ist eine Folge der Haltung.
Da sie nicht das Ziel der Haltung ist, kann die Weisheit niemand zur Nachahmung der Haltung bewegen.

So wie ich esse, werdet ihr nicht essen. Wenn ihr aber eßt wie ich esse, wird es euch nützen.

Wie ich war, hat mir nichts genützt. So wie ich werdet ihr nicht sein. Wenn ihr aber seid wie ich, wird es euch nützen.

Wer lehrt, ist nicht der beste. Einer nützt. Er lehrt den andern. Nicht daß sie so sind wie er, sondern daß sie anders sind als sie selber – das nützt ihnen.

Was ich da sage: daß die Haltung die Taten macht, das möge so sein. Aber die Notwendigkeiten müßt ihr ordnen, daß es so werde.

⌜Viele Gedanken⌝ gibt es, ich denke wenige. Nicht, was ich denke, ist es, sondern: daß ich weniges denke.

Viele wünschen vieles auszusagen über eine Sache. Ihr aber wünschet weniges auszusagen.

Oft, sehe ich, sagt der Denkende, habe ich eines Vaters Haltung. Aber eines Vaters Taten tue ich nicht. Warum tue ich andere Taten? Weil andere Notwendigkeiten sind. Aber ich sehe, die Haltung hält länger als die Handlungsweise: sie widersteht den Notwendigkeiten.

Mancher kann nur eines tun, wenn er sein Gesicht nicht verlieren will. Da er den Notwendigkeiten nicht folgen kann, geht er leicht unter. Aber wer eine Haltung hat, der kann vieles tun und verliert sein Gesicht nicht.

⸢Nicht daß die Menschen verschieden sind⸣, ist gut, sondern daß sie gleich sind. Die Gleichen gefallen sich. Die Verschiedenen langweilen sich.

⌜Deine Theorie⌝ hat Löcher, sagten einige zu Herrn Keuner. Wenn die Löcher Haare hätten wie bei euren Weibern, sagte Herr Keuner, würdet ihr sie ebenso zu schätzen wissen wie ich.

Wer sich nicht mit sich selber befaßt, der sorgt dafür, daß sich andere mit ihm befassen. Er ist ein Diener oder ein Herrscher. Ein Diener und ein Herrscher unterscheiden sich kaum, außer für Diener und Herrscher, sagte Herr Keuner, der Denkende.

⌜Dann ist also der der Richtige, der sich mit sich selber befaßt?⌝

Wer sich mit sich selber befaßt, befaßt sich mit nichts, er ist der Diener des Nichts und der Herrscher über nichts.

Also ist der der Richtige, der sich nicht mit sich selber befaßt?

Ja, wenn er keinen Grund gibt, daß andre sich mit ihm befassen, das heißt sich mit nichts befassen und dem Nichts dienen, das sie nicht selber sind, oder über das Nichts herrschen, das sie nicht selber sind, sagte Herr Keuner, der Denkende, lachend.

Um einen Unglücklichen ⌜zu seinem Tod⌝ zu ermuntern, bat Herr Keuner ihn, seine Güter abzulegen: als er alles abgelegt hatte, blieb nur das Leben übrig. Lege weiter ab, sagte der Denkende.

Von irgend jemand sagte Herr Keuner: Er ist ein großer Staatsmann. Er läßt sich durch das, was einer ist, nicht darüber täuschen, was er werden kann.

Herr Keuner haßte den Kampf, war aber sein ganzes Leben in Kämpfe verwickelt.

Jemand sagte zu Herrn Keuner: Unsere Richter sind bestechlich. Herr Keuner antwortete: Leider ist es nicht einmal so. Sie sind unbestechlich. Nicht mit der größten Geldsumme kann man sie bestechen, Recht zu sprechen.

Viele leben im Glauben, die großen Städte oder die Fabriken könnten in Zukunft einen immer größeren, ja am Ende unübersehbaren Umfang annehmen. Das ist bei den einen eine Furcht, bei den andern eine Hoffnung. Durch kein zuverlässiges Mittel läßt sich nun feststellen, was daran sei. So schlug Herr Keuner vor, jedenfalls lebend diese Entwicklung beinahe außer acht zu lassen, sich also nicht so zu verhalten, als könnten die Städte oder Fabriken außer Maß geraten. Alles, sagte er, scheint in der Entwicklung mit der Ewigkeit zu rechnen. Wer wagte es, den Elefanten, der das Kalb an Größe hinter sich zurückläßt, irgendwo zu begrenzen? Und doch wird er nur größer als ein Kalb, aber nicht größer als ein Elefant.

Herr Keuner und die Schauspielerin

Herr Keuner hatte eine Schauspielerin zur Freundin, die empfing Geschenke von einem Reichen. Deshalb hatte sie andere Ansichten über die Reichen als Herr Keuner. Herr Keuner dachte, die Reichen seien schlechte Leute, aber seine Freundin dachte, sie seien nicht alle schlecht. Warum dachte sie, die Reichen seien nicht alle schlecht? Sie dachte es nicht deshalb, weil sie Geschenke von ihnen empfing, sondern deshalb, weil sie Geschenke von ihnen annahm, denn sie glaubte von sich selber, sie würde keine Geschenke von schlechten Leuten annehmen. Herr Keuner, nachdem er lange darüber nachgedacht hatte, glaubte nicht über sie, was sie über sich glaubte. Nimm ihnen ihr Geld! rief (das Unvermeidliche ausnützend) Herr Keuner. Sie haben die Geschenke nicht bezahlt, sondern gestohlen. Nimm diesen schlechten Leuten ihre Diebsbeute ab, damit du eine gute Schauspielerin sein kannst. Kann ich nicht auch eine gute Schauspielerin sein, ohne Geld zu haben? fragte seine Freundin. Nein, sagte Herr Keuner heftig, nein. nein. nein.

Der Denkende tadelte oft seine Freundin ihres Luxusses wegen. Einmal entdeckte er bei ihr vier Paar Schuhe. »Ich habe auch viererlei Arten Füße«, entschuldigte sie sich. Der Denkende lachte und fragte: »Was machst du da, wenn ein Paar kaputt ist?« Da merkte sie, daß er noch nicht ganz aufgeklärt war, und sagte: »Ich habe mich getäuscht, ich habe fünferlei Arten Füße.« Damit war der Denkende endlich aufgeklärt.

Eine Schülerin beschwerte sich über Herrn Keuners verräterisches Wesen.

Vielleicht, verteidigte er sich, ist deine Schönheit zu rasch bemerkt und zu rasch vergessen. Jedenfalls mußt du und ich daran schuld sein, wer sonst? Und er erinnerte sie an die Notwendigkeiten ⌜beim Lenken eines Autos⌝.

Herr K. war nicht für Abschiednehmen, nicht für Begrüßen, nicht für Jahrestage, nicht für Feste, nicht für das Beenden einer Arbeit, nicht für das Beginnen eines neuen Lebensabschnittes, nicht für Abrechnungen, nicht für Rache, nicht für abschließende Urteile.

Als Herr Keuner ⌜in die Emigration⌝ ging, mußte er alle seine literarischen Arbeiten zurücklassen. Seine älteste Mitarbeiterin übernahm es, sie ihm nachzuschicken. Indem sie auf eine günstige Gelegenheit wartete, verlor sie Zeit. Sie wurde verhaftet, und, wieder freigelassen, floh sie ebenfalls über die Grenze. So trat sie Herrn Keuner ohne die Papiere gegenüber. Herr Keuner war sehr niedergeschlagen. Auf die Frage, ob er kein Unglück gelten lasse, antwortete er heftig: Nein. Aber auf die Frage, ob er denn seine Mitarbeiterin, die sich inzwischen sehr zu grämen begonnen hatte, auch für den Fall, daß die Papiere doch noch irgendwie in seine Hand gelängen, dennoch nicht mehr zu sehen wünsche, antwortete er: Warum nicht? Er stand auf dem Standpunkt, sie habe nunmehr Glück nötig – und nur das verübelte er ihr.

Die Rolle der Gefühle

Herr Keuner war mit seinem kleinen Sohn auf dem Land. Eines Vormittags traf er ihn in der Ecke des Gartens und weinend. Er erkundigte sich nach dem Grund des Kummers, erfuhr ihn und ging weiter. Als aber bei seiner Rückkehr der Junge immer noch weinte, rief er ihn her und sagte ihm: Was hat es für einen Sinn zu weinen bei einem solchen Wind, wo man dich überhaupt nicht hört? Der Junge stutzte, begriff diese Logik und kehrte, ohne weitere Gefühle zu zeigen, zu seinem Sandhaufen zurück.

Über Systeme

Viele Fehler, sagte Herr K., entstehen dadurch, daß man die Redenden nicht oder zu wenig unterbricht. So entsteht leicht ein trügerisches Ganzes, das, da es ganz ist, was niemand bezweifeln kann, auch in seinen einzelnen Teilen zu stimmen scheint, obwohl doch die einzelnen Teile nur zu dem Ganzen stimmen.

Unbestechlichkeit

Auf die Frage, wie man einen erziehen könnte zur Unbestechlichkeit, antwortete Herr Keuner: Dadurch, daß man ihn satt macht. Auf die Frage, wie man einen dazu veranlassen kann, daß er gute Vorschläge macht, antwortete Herr Keuner: Dadurch, daß man sorgt, daß er an dem Nutzen seiner Vorschläge beteiligt ist und auf andere Weise, also allein, die Vorteile nicht erreichen kann.

Musik von der Stange

Eines Tages sang Herr Keuner in einer kleinen Gesellschaft zwei Lieder vor, die annähernd dieselbe Melodie hatten. Er wurde dafür getadelt. Entweder, wurde ihm vorgehalten, paßt die Melodie zum ersten Lied, dann paßt sie nicht zum zweiten, oder umgekehrt. Zu beiden könnte sie nur passen, wenn eines der Gedichte genügte und das andere überflüssig wäre. Herr Keuner wehrte sich und sagte: »Meine beiden Lieder können ⌜in ungefähr dem gleichen Gestus⌝ vorgetragen werden (ohne sich deshalb gegenseitig zu verdrängen, da der Gestus nicht die Hauptsache ist, oder, wenn er die Hauptsache ist, doch mehrere Lieder brauchen könnte), also ist auch die gleiche oder ähnliche Melodie am Platze. Man kann Kleider schneidern, die einem Menschen so sehr stehen, daß sie einem anders aussehenden nicht stehen würden, aber solche Kleider mag ich nicht. Es kann sich dabei auch höchstens um Sonntagskleider handeln. Berufskleider können Kleider von der Stange sein.«

Herr Keuner und der Ausdruck

Herr Keuner konnte es so wenig leiden, wenn die Leute sich mit sich selber befaßten, daß er sogar vorschlug, den *Ausdruck* etwaiger Trauer oder Freude nach Möglichkeit zu unterdrücken, damit nicht der Eindruck entstünde, der Betreffende beschäftige sich unziemlich mit sich selber. »Wie dürfte ich jedem die gleiche Geschichte erzählen? Wie für jeden der Gleiche sein?« sagte er. »Nicht für jeden bin ich traurig oder froh.«

Herrn Keuner läuft ein Schüler weg

Herrn Keuner lief ein Schüler weg. Er hatte gern mit ihm verkehrt: Niemandes Meinung hatte er lieber widersprochen. Dennoch war Herr Keuner nicht niedergeschlagen. »Er war ein guter Schüler«, sagte er, »einer der besten! Es ist schade, daß er weg ist, aber es ist nicht schlimm. Schlimm wäre es, wenn *ihr* beide dort wegginget«, und er deutete ungeniert auf zwei, die er nicht besonders schätzte, »*ihr* habt nichts gelernt!«

Lehren

Der nicht versteht, muß erst das Gefühl haben, daß er verstanden wird.
⌜Der hören soll⌝, muß erst das Gefühl haben, daß er gehört wird.

Herr Keuner vertritt die Leute

Herr Keuner verhielt sich Freunden gegenüber, wenn sie Fehler begangen hatten, meist sehr nachsichtig und hilfsbereit, aber zu Zeiten nahm er auch die Haltung eines fremden und gleichgültigen Menschen ein. Das nannte er *die Leute vertreten*. Er legte Wert darauf, sie das Urteil der Leute spüren zu lassen. »Es ist nicht freundschaftlich gegenüber Freunden«, sagte er, »ihnen gegenüber keine Besorgnis zu zeigen, sein Gesicht zu verlieren. Gerade Freunden gegenüber muß man sein Gesicht bewahren. Das eben ist Freundschaft.«

Herr Keuner sagte:

Kampflosungen

Durch zu langes Festhalten werden die Parolen* falsch. Als die Partei für die Löhne kämpfte, gab es noch Arbeit und wurden noch Löhne gezahlt.

Die Sorgen der Herrschenden sind nicht die Sorgen der Beherrschten. Es ist nicht die Frage für die Beherrschten, wie sie
[bricht ab]

Beispiel einer guten Belehrung

Als Beispiel für eine gute Belehrung nannte Herr Keuner die folgende:
⌜Der Mathematiker D.⌝ erzählte seiner kleinen Nichte, die an Engel glaubte, hinter ihr stehe ein Engel, aber wenn sie umschaue, stehe er nicht da, und auch nicht, wenn er umschaue. Sie schaute sich oftmals um, und immer behauptete ihr Onkel, der Engel stehe doch hinter ihr.

Herr Keuner über Höflichkeit

Herr Keuner führte als einen ⌜Beweis von Höflichkeit⌝ folgendes Verhalten einer Prinzessin B an.

Sie hatte ihn mit einigen seiner Freunde zu einem Abendessen in ihr Haus eingeladen. Es gab gutes Essen, auch waren einige schöne Bilder zu sehen. Aber vor allem zeigte sich die Gastgeberin als eine kluge und humorvolle Frau, die die kleinen Späße mitmachte, die Herr Keuner liebte. Herr Keuner war sehr zufrieden. Als er sich verabschiedete, wollte er sich bedanken. Da brachte die Gastgeberin, noch im Flur des Hauses, eine Liste von Namen, an die sie im Dienst einer guten Sache Briefe geschrieben hatte, eine Liste, welche mehrere Seiten umfaßte. Damit gab sie zu erkennen, daß sie ein Recht auf den Besuch und das Gespräch nicht aus dem guten Essen, den schönen Bildern, ja nicht einmal aus ihrem angenehmen Wesen ableitete, sondern aus einer nützlichen Tätigkeit in einer guten Sache.

Dieses Eingehen auf die Denkart des Eingeladenen erschien Herrn Keuner als ein Beweis großer Höflichkeit.

Ruhm

Einen Mann, der ihm bei etwas geholfen hatte, rühmte Herr Keuner sehr. »Du rühmst ihn wohl so, daß er dir bald wieder hilft«, sagte ein Zuhörer geärgert boshaft. »Ach wo«, wehrte sich Herr Keuner, »aber ich möchte, daß mir nur von berühmten Leuten geholfen wird.«

»Wenn ich mit den Dingen einig bin«, sagte Herr Keuner, »verstehe ich die Dinge nicht, sondern die Dinge verstehen mich.«

H. K. und die Lyrik

Nach der Lektüre eines Gedichtbandes sagte H. K.: »Die Kandidaten für öffentliche Ämter durften in Rom, wenn sie auf dem Forum* auftraten, keine Gewänder mit Taschen tragen, damit sie keine Bestechungsgelder nehmen konnten. So sollten die Lyriker keine Ärmel tragen, damit sie keine Verse aus ihnen schütteln können*.«

Zentrum der Politik und des Handels in der antiken Stadt

oberflächlich, schnell schreiben

Herr K. und die deutsche Politik

Gemeint ist: faschistische Diktatur

Arbeiterklasse

Umkehrung der Verhältnisse, Sozialismus

Herr K. sagte: »Als Großbürgertum und Adel nur noch durch eine Diktatur* über alle andern Klassen das kapitalistische System aufrechterhalten konnten, verzichteten sie zugleich auf manche individuelle Freiheiten. Wie kann das Proletariat* hoffen, ohne einen solchen Verzicht seine Diktatur* errichten zu können, ohne die es den Sozialismus nie aufbauen kann?« »Das heißt die Dinge sehr vereinfachen«, sagte ein Hörer. »So ist es«, sagte Herr K. befriedigt.

»Für gewöhnlich«, sagte Herr K., »sucht ein Mörder sich mit dem Nachweis zu entschuldigen, daß er den Mord unbedingt begehen mußte, wenn er weiterleben wollte. Die deutschen Kapitalisten, die immer wieder Kriege machen, welche übrigens immer wieder verloren werden, meiden die Entschuldigung, sie müßten sie machen, wie die Pest. Warum? Weil das hieße, der Kapitalismus kann nicht existieren ohne Krieg. Was die Wahrheit ist, und der Grund dafür, daß man ihn abschaffen muß.« »Das heißt, sich das Argumentieren leicht machen«, sagte ein Hörer. »Das ist meine Absicht«, sagte Herr K.

»Ich bin für den Polizeistaat«, sagte Herr K. »Was«, rief ein Hörer, »haben wir nicht zwölf Jahre einen Polizeistaat gehabt?« Herr K. antwortete: »Zwölf Jahre lang haben Verbrecher als Polizei gegen die anständigen Menschen gestanden. Sie sind abgesetzt, aber nicht verschwunden. Wenn sich jetzt die anständigen Menschen weigern, als Polizei gegen diese Verbrecher Dienst zu tun, was werden diese tun?« »Aber wo bleibt die Freiheit?« sagte der Hörer. »Das ist sie«, sagte Herr K. traurig.

Der Wein und die Trauben

Herr Keuner wurde gefragt, ob Leiden nicht gut machten. Er bestritt dies und sagte: »Wären die Trauben lediglich für den Wein da, dann dürfte man die Kelter* ebenso schätzen ⌜wie der Papst seinen Franco schätzt⌝.«

Mechanische Presse zur Gewinnung von Traubensaft

Herr Keuner und der Tod

Herr Keuner mied Beerdigungen.

Scham

⌜H. H.⌝ sagte von einem Nachbarn: »Ich kann ihm nicht in die Augen sehen, er ist ein ⌜schlechter Mensch⌝.«

Die dritte Sache

H. K. ging niemals eine Verbindung mit einem Menschen selber ein, sondern er zog immer ⌜*die dritte Sache*⌝ zu. Mit dieser gingen dann H. K. und sein Freund die Verbindung ein. »Wie«, sagte H. K., »soll die Verbindung sonst aufhören? Die dritte Sache kann aufhören. Davon lebt die Verbindung.«

Das Horoskop

Herr Keuner bat Leute, die sich Horoskope stellen ließen, ihrem Astrologen ein Datum in der Vergangenheit zu nennen, einen Tag, an dem ihnen ein besonderes Glück oder Unglück geschehen war. Das Horoskop mußte es dem Astrologen gestatten, das Geschehnis einigermaßen festzustellen. Keuner hatte mit diesem Rat wenig Erfolg, denn die Gläubigen bekamen zwar von ihren Astrologen Angaben über Ungunst oder Gunst der Sterne, die mit den Erfahrungen der Frager nicht zusammenpaßten, aber sie sagten dann ärgerlich, die Sterne deuteten ja nur auf gewisse Möglichkeiten, und die konnten ja zu dem angegebenen Datum durchaus bestanden haben. Herr Keuner zeigte sich dadurch überrascht und stellte eine weitere Frage. »Es leuchtet mir auch nicht ein«, sagte er, »daß von allen Geschöpfen nur die Menschen von den Konstellationen der Gestirne* beeinflußt werden sollen. Diese Kräfte werden doch die Tiere nicht einfach auslassen. Was geschieht aber, wenn ein bestimmter Mensch etwa ein Wassermann ist, aber einen Floh hat, der ein Stier ist, und in einem Fluß ertrinkt? Der Floh ertrinkt dann vielleicht mit ihm, obwohl er eine sehr günstige Konstellation haben mag. Das gefällt mir nicht.«

Position der Sterne, am Nachthimmel sichtbar

Herr Keuner

sah sich die Zeichnung seiner kleinen Nichte an.
Sie stellte ein Huhn dar, das über einen Hof flog. »Warum hat dein Huhn eigentlich drei Beine«, fragte Herr Keuner.
»Hühner können doch nicht fliegen«, sagte die kleine Künstlerin, »und darum brauchte ich ein drittes Bein zum Abstoßen.«
»Ich bin froh, daß ich gefragt habe«, sagte Herr Keuner.

Keuner

Damals, als ich es schrieb, stimmte es. Es wird also immer noch stimmen.

Mißverstanden

Herr Keuner besuchte eine Versammlung und erzählte danach folgende Geschichte. In der großen Stadt X gibt es einen sogenannten Humpfklub, in dem es Sitte war, nach Einnahme einer vorzüglichen Mahlzeit alljährlich einige Male »Humpf*« zu sagen. Dem Klub gehörten Leute an, denen es unmöglich war, mit ihrer Meinung dauernd hinterm Berg zu halten, die aber die Erfahrung hatten machen müssen, daß ihre Aussagen mißverstanden wurden. »Ich höre allerdings«, sagte Keuner kopfschüttelnd, »daß auch dieses Humpf von einigen mißverstanden wird, indem sie annehmen, es bedeute *nichts.*«

* Leeres Wort, das seinen Sinn durch die Situation erhält

Gerechtigkeitsgefühl

Herrn Keuners Gastgeber hatte einen Hund, und eines Tages kam dieser mit allen Anzeichen des Schuldgefühls angekrochen. »Er hat etwas angestellt, reden Sie sofort streng und traurig mit ihm«, riet Herr Keuner. »Aber ich weiß doch nicht, was er angestellt hat«, wehrte sich der Gastgeber. »Das kann der Hund nicht wissen«, sagte Herr Keuner dringlich. »Zeigen Sie schnell Ihre betroffene Mißbilligung, sonst leidet sein Gerechtigkeitsgefühl.«

Herr Keuner schätzte Freundlichkeit sehr. Er sagte: Jemanden untenhalten, wenn auch freundlich, jemanden nicht nach seinen Möglichkeiten beurteilen, zu jemandem nur freundlich sein, wenn auch er zu einem freundlich ist, jemanden kalt betrachten, wenn er heiß, heiß betrachten, wenn er kalt ist, das ist nicht freundlich.

Keuner

Jemand erzählte vom jungen Keuner, er habe ihn einem Mädchen, das ihm sehr gefiel, eines Morgens sagen hören: »Ich habe heute Nacht von Ihnen geträumt. Sie waren sehr vernünftig.«

Herr Keuner fährt Auto

Herr Keuner hatte gelernt, Auto zu fahren, fuhr aber zunächst noch nicht sehr gut. »Ich habe erst gelernt, ein Auto zu fahren«, entschuldigte er sich. »Man muß aber zweie fahren können, nämlich auch noch das Auto vor dem eigenen. Nur wenn man beobachtet, welches die Fahrverhältnisse für das Auto sind, das vor einem fährt, und seine Hindernisse beurteilt, weiß man, wie man in bezug auf dieses Auto verfahren muß.«

Keuner, befragt über die Arbeitsweise zweier Theaterleute, verglich sie folgendermaßen: »Ich kenne einen Fahrer, der die Verkehrsregeln gut kennt, innehält und für sich zu nutzen weiß. Er versteht es geschickt, vorzupreschen, dann wieder eine regelmäßige Geschwindigkeit zu halten, seinen Motor zu schonen, und so findet er vorsichtig und kühn seinen Weg zwischen den andern Fahrzeugen. Ein anderer Fahrer, den ich kenne, geht anders vor. Mehr als an seinem Weg ist er interessiert am gesamten Verkehr und fühlt sich nur als ein Teilchen davon. Er nimmt nicht seine Rechte wahr und tut sich nicht persönlich besonders hervor. Er fährt im Geist mit dem Wagen vor ihm und dem Wagen hinter ihm, mit einem ständigen Vergnügen an dem Vorwärtskommen aller Wägen und der Fußgänger dazu.«

Herr Keuner sagte: Es ist ein weitverbreiteter Unfug, daß die Liebe über die Freundschaft gestellt wird und außerdem als etwas völlig anderes betrachtet. Die Liebe ist aber nur so viel wert, als sie Freundschaft enthält, aus der allein sie sich immer wiederherstellen kann. Mit der Liebe der üblichen Art wird man nur abgespeist, wenn es zur Freundschaft nicht reicht.

Liebe zu wem?

Von der Schauspielerin Z hieß es, sie habe sich aus unglücklicher Liebe umgebracht. Herr Keuner sagte: Sie hat sich aus Liebe zu sich selbst umgebracht. Den X kann sie jedenfalls nicht geliebt haben. Sonst hätte sie ihm das kaum angetan. Liebe ist der Wunsch, etwas zu geben, nicht zu erhalten. Liebe ist die Kunst, etwas zu produzieren mit den Fähigkeiten des andern. Dazu braucht man von dem andern Achtung und Zuneigung. Das kann man sich immer verschaffen. Der übermäßige Wunsch, geliebt zu werden, hat wenig mit echter Liebe zu tun. Selbstliebe hat immer etwas Selbstmörderisches.

Rieberg und Emberg, zwei Literaten, reisen nach Prag. Preisen ihre Bücher an, verfeinden sich. Emberg frißt auf Rückreise Rieberg auf und startet Firma Rie&Emberg, die beider Bücher verkauft.

Misuk*

Anagramm des Wortes »Musik«

Herr Keuner verfolgte den Streit der Musiker darüber, was in einer Komposition erlaubt sei und was nicht, mit mäßigem Interesse.

Architektur

Genosse Keuner

In einer Zeit, wo eben kleinbürgerliche Kunstauffassungen in der Regierung herrschten, wurde G. Keuner* ⌜von einem Architekten⌝ gefragt, ob er einen großen Bauauftrag übernehmen solle oder nicht. »Hunderte von Jahren bleiben die Fehler und Kompromisse in unserer Kunst stehen!« rief der Verzweifelte aus. G. Keuner antwortete: »Nicht mehr. Seit der gewaltigen Entwicklung der Zerstörungsmittel sind eure Bauten nur Versuche, wenig verbindliche Vorschläge, Anschauungsmaterial für Diskussionen der Bevölkerung. Und was die kleinen, scheußlichen Verzierungen betrifft, die Säulchen und so weiter, lege sie als überflüssig an, so daß eine Spitzhacke den großen reinen Linien schnell zu ihrem Recht verhelfen kann. Vertraue auf unsere Menschen, auf schnelle Entwicklung!«

Apparat und Partei

Zur Zeit als nach ⌜Stalins Tod⌝ die Partei sich anschickte, eine neue Produktivität* zu entfalten, schrien viele: »Wir haben keine Partei, nur einen Apparat. Nieder mit dem Apparat!« G. Keuner sagte: »Der Apparat ist der Knochenbau der Verwaltung und der Machtausübung. Ihr habt zu lange nur ein Skelett gesehen. Reißt jetzt nicht alles zusammen. Wenn ihr es zu Muskeln, Nerven und Organen gebracht habt, wird das Skelett nicht mehr sichtbar sein.«

Reformen innerhalb der kommunistischen Parteien

Zorn und Belehrung

Herr Keuner sagte: Schwierig ist, diejenigen zu belehren, auf die man zornig ist. Es ist aber besonders nötig, denn sie brauchen es besonders.

Herr Keuner und Freiübungen

Ein Freund erzählte Herrn Keuner, seine Gesundheit sei besser, seit er im Herbst im Garten alle Kirschen eines großen Baums gepflückt habe. Er sei bis ans Ende der Äste gekrochen, und die vielfältigen Bewegungen, das Um-sich- und über-sich-Greifen müsse ihm gutgetan haben.
»Haben Sie die Kirschen gegessen?« fragte Herr Keuner, und im Besitz einer bejahenden Antwort sagte er: »Das sind dann Leibesübungen, die ich auch mir gestatten würde.«

Anhang

Aus den Schriften Bertolt Brechts. Über den Gestus

Aus: Kurzer Bericht über 400 (vierhundert) junge Lyriker

Nun weiß ich, daß ein ganzer Haufen sehr gerühmter Lyrik keine Rücksicht darauf nimmt, ob man ihn brauchen kann. [...] Es gibt darunter gewisse Glückstreffer, Dinge, die man weder singen noch jemand zur Stärkung überreichen kann und die doch etwas sind. Aber von einigen solcher Ausnahmen abgesehen, werden solche »rein« lyrischen Produkte überschätzt. Sie entfernen sich einfach zu weit von der ursprünglichen Geste der Mitteilung eines Gedankens oder einer auch für Fremde vorteilhaften Empfindung. Alle großen Gedichte haben den Wert von Dokumenten. In ihnen ist die Sprechweise des Verfassers enthalten, eines wichtigen Menschen. [1927]

Über die Philosophie

Der Begriff der Philosophie hat zu allen Zeiten und bei allen Völkern eine praktische Seite gehabt. Außer bestimmten Theorien oder auf solche gerichteten Denktätigkeiten wurden immer auch bestimmte Handlungsweisen und Verhaltensarten (in Form von Gesten oder »Antworten«) philosophische genannt. Auch wurden bestimmte Menschen Philosophen genannt, die sich keineswegs mit der Erzeugung von »Philosophien« befaßten, sondern eben nur durch ihr Verhalten diesen »Ehrentitel« erwarben. Im Volk selber bezogen die »wirklichen« Philosophen ihre Ehrung eher als umgekehrt von den Philosophen der zweiten Gattung; also der »angewandten Philosophie«.

[1929/30]

Aus: Versuche, Heft 1

Der zweite Versuch: »Geschichten vom Herrn Keuner«, stellt einen Versuch dar, Gesten zitierbar zu machen.

[1930]

Über die gestische Sprache in der Literatur

[...] Eine solche Sprache nannte er gestisch, weil sie nur ein Ausdruck für die Gesten der Menschen war. Man kann seine Sätze am besten lesen, wenn man dabei gewisse körperliche Bewegungen vollführt, die dazu passen, Bewegungen, welche Höflichkeit oder Zorn oder Überredenwollen oder Spotten oder Memorieren oder Überrumpeln oder Warnen oder Furchtbekommen oder Furchteinflößen bedeuten. Oft kommen innerhalb eines bestimmten Gestus (wie Trauer) noch andere Gesten vor (wie Allezuzeugenanrufen, Sichzurückhalten, Ungerechtwerden und so weiter). Der Dichter Kin erkannte die Sprache als ein Werkzeug des Handelns und wußte, daß einer auch dann mit andern spricht, wenn er mit sich spricht. [über Meti im *Buch der Wendungen*, um 1934]

Aus: Über gestische Musik

Unter Gestus soll nicht Gestikulieren verstanden sein; es handelt sich nicht um unterstreichende oder erläuternde Handbewegungen. Es handelt sich um Gesamthaltungen. Gestisch ist eine Sprache, wenn sie auf dem Gestus beruht, bestimmte Haltungen des Sprechenden anzeigt, die dieser andern Menschen gegenüber einnimmt. [1937]

Aus: Über reimlose Lyrik mit unregelmäßigen Rhythmen

In der Folge schrieb ich außer Balladen und Massenliedern mit Reim und regelmäßigem (oder doch nahezu regelmäßigem) Rhythmus mehr und mehr Gedichte ohne Reim und mit unregelmäßigem Rhythmus. Man muß dabei im Auge behalten, daß ich meine Hauptarbeit auf dem Theater verrichtete; ich dachte immer an das Sprechen. Und ich hatte mir für das Sprechen (sei es der Prosa oder des Verses) eine ganz bestimmte Technik erarbeitet. Ich nannte sie gestisch.

Das bedeutete: die Sprache sollte ganz dem Gestus der sprechenden Person folgen. Ich will ein Beispiel geben. Der Satz der Bibel »Reiße das Auge aus, das dich ärgert« hat einen Gestus unterlegt, den des Befehls, aber er ist doch nicht rein gestisch ausgedrückt, da »das dich ärgert« eigentlich noch einen anderen Gestus hat, der nicht zum Ausdruck kommt, nämlich den einer Begründung. Rein gestisch ausgedrückt heißt der Satz (und Luther, der »dem Volk aufs Maul sah«, formte ihn auch so): »Wenn dich dein Auge ärgert: reiß es aus!« Man sieht wohl auf den ersten Blick, daß diese Formulierung gestisch viel reicher und reiner ist. Der erste Satz enthält eine Annahme, und das Eigentümliche, Besondere in ihr kann im Tonfall voll ausgedrückt werden. Dann kommt eine kleine Pause der Ratlosigkeit und erst dann der verblüffende Rat. [1938]

[Über den Gestus]

Unter einem *Gestus* sei verstanden ein Komplex von Gesten, Mimik und (für gewöhnlich) Aussagen, welchen ein oder mehrere Menschen zu einem oder mehreren Menschen richten.

Ein Mensch, der einen Fisch verkauft, zeigt unter anderm den Verkaufsgestus. Ein Mann, der sein Testament

schreibt, eine Frau, die einen Mann anlockt, ein Polizist, der einen Mann prügelt, ein Mann, zehn Männer auszahlend, in all dem steckt sozialer Gestus. Ein Mann, seinen Gott anrufend, wird bei dieser Definition erst ein Gestus, wenn dies im Hinblick auf andere geschieht oder in einem Zusammenhang, wo eben Beziehungen von Menschen zu Menschen auftauchen. (Der König betend in »Hamlet«.)
Ein Gestus allein kann in Worten niedergelegt werden (im Radio erscheinen); dann sind bestimmte Gestik und bestimmte Mimik in diese Worte eingegangen und leicht herauszulesen (eine demütige Verbeugung, ein Auf-die-Schulter-Klopfen).
Ebenso können (im stummen Film zu sehen) Gesten und Mimik oder (im Schattenspiel) nur Gesten Worte beinhalten.
Worte können durch Worte ersetzt, Gesten durch andere Gesten ersetzt werden, ohne daß der Gestus sich darüber ändert. *[um 1940]*

Aus: Kleines Organon für das Theater

Wenn nun eine Person historisiert der Epoche entsprechend antwortet und anders antworten würde in andern Epochen, ist sie da nicht ›jedermann schlechthin‹? Ja, nach den Zeitläuften oder der Klasse antwortet hier jemand verschieden; lebte er zu anderer Zeit oder noch nicht so lang oder auf der Schattenseite des Lebens, so antwortete er unfehlbar anders, aber wieder ebenso bestimmt und wie jedermann antworten würde in dieser Lage zu dieser Zeit: ist da nicht zu fragen, ob es nicht noch weitere Unterschiede der Antwort gibt? Wo ist er selber, der Lebendige, Unverwechselbare, der nämlich, der mit seinesgleichen nicht ganz gleich ist? Es ist klar, daß das Abbild ihn sichtbar machen muß, und das wird geschehen, indem dieser

Widerspruch im Abbild gestaltet werden wird. Das historisierende Abbild wird etwas von den Skizzen an sich haben, die um die herausgearbeitete Figur herum noch die Spuren anderer Bewegungen und Züge aufweisen. Oder man denke an einen Mann, der in einem Tal eine Rede hält, in der er mitunter seine Meinung ändert oder lediglich Sätze spricht, die sich widersprechen, so daß das Echo, mitsprechend, die Konfrontation der Sätze vornimmt.

[1948]

Kommentar

Zeittafel

1898 10. Februar: Bertolt Brecht wird unter dem Namen Eugen Berthold Friedrich Brecht in Augsburg geboren.

1917 Oktober: Beginn eines Studiums der Medizin, Philosophie und Literatur an der Universität München.

1922 Das Drama *Baal* erscheint im Gustav Kiepenheuer Verlag.

1924 September: Brecht zieht nach Berlin.

1924 bis 1933: Entwicklung des epischen Theaters. Zusammenarbeit mit Elisabeth Hauptmann, Peter Suhrkamp, Walter Benjamin, Kurt Weill, Hanns Eisler, Slatan Dudow, Emil Burri, Erwin Piscator.

1926 Januar: In der Theaterzeitschrift *Die Scene* erscheint Brechts Aufsatz »Das Urbild Baals«, in dem er erstmals das Kürzel K. (Josef K.), verwendet.

25. September: Uraufführung von *Mann ist Mann.*

1926 bis 1927: Entstehung der zehn Gedichte *Aus dem Lesebuch für Städtebewohner* (1930 gedruckt), in dem die Anonymität, Illegalität und soziale Kälte in den Großstädten behandelt wird.

1928 bis 1933: Arbeit an *Fatzer*, den Lehrstücken und Stückprojekten, in denen es eine Figur Keuner oder eines seiner Pseudonyme, der Denkende, der Erleuchtete, der Weise, gibt.

Mai: Brecht notiert *Wer kennt wen?* – eine der frühesten *Geschichten vom Herrn Keuner* – in ein Notizbuch.

1929 Entstehung der meisten Keuner-Geschichten, von denen Brecht nur wenige veröffentlicht.

22. Juni: In der *Südwestdeutschen Rundfunk-Zeitung* wird die Keuner-Geschichte *Maßnahmen gegen die Gewalt* abgedruckt zusammen mit der Ankündigung eines Vortrags von Walter Benjamin über Brecht (24. Juli).

Beginn der Arbeit am Opernlibretto *Der Brotladen.*

1930 Im Gustav Kiepenheuer Verlag erscheint die Reihe *Versuche.* Heft 1 enthält neben *Der Flug der Lindberghs*, der *Radiotheorie* und dem Fragment *Fatzer, 3*, als 2. Versuch die erste Sammlung *Geschichten vom Herrn Keuner.*

1932 Die zweite Sammlung *Geschichten vom Herrn Keuner* erscheint in Heft 5 der Reihe *Versuche* als Weiterführung des 2. Versuchs, neben *Die heilige Johanna der Schlachthöfe.*

1933 28. Februar: Flucht aus Deutschland.
Juni: Brecht geht ins Exil nach Dänemark. Entstehung weiterer Keuner-Geschichten.

1934 Im *Pariser Tageblatt* erscheint *Maßnahmen gegen die Gewalt*, ohne die Egge-Geschichte.
Der Gustav Kiepenheuer Verlag verkauft seine Lagerbestände in die Schweiz, auch die *Versuche*, die in Buchhandlungen billig angeboten werden. Brechts Texte werden unter Studenten bekannt, so auch Max Frisch, und verbreitet.

1939 23. April: Beginn des Exils in Schweden.

1940 19. März: Brecht überdenkt »jetzt eine kleine epische arbeit DIE BEFÜRCHTUNGEN DES HERRN KEUNER [...]« (GBA 26, S. 360). Die Idee geht in die *Flüchtlingsgespräche* ein, deren Figuren Ziffel und Kalle, nicht Keuner heißen.
17. April: Weiterreise nach Finnland, um auf das amerikanische Visum zu warten. In einem Jahr Aufenthalt entsteht der Dialogroman *Flüchtlingsgespräche.*

1941 April/Anfang Mai: In Finnland erhält ein Typoskript von *Der Aufstieg des Arturo Ui* den Titel: *Arturo Ui (Dramatisches Gedicht) von K. Keuner* (GBA 7, S. 353).

1941 bis 1947: Exil in den USA.

1944 In Zürich erscheint eine hektographierte Broschüre *Bert Brecht*, die auch Keuner-Geschichten aus den *Versuchen* enthält.

1946 In der Heidelberger Monatszeitschrift *Die Wandlung* erscheint *Maßnahmen gegen die Gewalt* aus *Versuche* (1930).

1947 5. November: Übersiedlung nach Zürich.
22. November: Brecht zieht mit seiner Familie als Gast des Ehepaars Hans-Walter und Renata Mertens nach Feldmeilen bei Zürich.

1948 Januar-November: In Zeitschriften der deutschen Nachkriegszeit (*Die Wandlung*, *Ulenspiegel*, *Dichten und Trachten*, *Sonntag*) erscheinen einzelne Keuner-Geschichten aus den *Versuchen*.

1948 1. Mai: Brecht bestätigt die Vereinbarung mit dem Gebr. Weiß Verlag, Berlin-Schöneberg, zu den *Kalendergeschichten* mit Erzählungen und einer Auswahl aus den *Svendborger Gedichten*.

Juli-August: Beim Lesen der Druckfahnen der *Kalendergeschichten* ändert Brecht das Konzept. Er streicht die letzte Erzählung *Die Trophäen des Lukullus* gegen 39 Keuner-Geschichten aus, von denen 15 bereits in den *Versuchen* veröffentlicht wurden. Die Mappe seiner Typoskripte und Manuskripte »geschichten vom h k« bleibt in der Schweiz zurück.

22. Oktober: Rückkehr nach Berlin.

1949 Die Zeitschrift *Sinn und Form* gibt ein *Sonderheft Bertolt Brecht* heraus, das auch *Kleines Organon für das Theater* enthält.

Die *Kalendergeschichten* erscheinen im Gebr. Weiß Verlag und im Mitteldeutschen Verlag Halle/Saale.

Im Suhrkamp Verlag Berlin (parallel zum Aufbau-Verlag) beginnt die Fortsetzung der Reihe *Versuche*. Heft 9: *Mutter Courage/9 Lieder*.

1950 Brecht schreibt bis 1956 einige Keuner-Geschichten, die er nicht herausgibt.

1953 *Kalendergeschichten* erscheint im Rowohlt Verlag als Taschenbuch.

In *Versuche*, Heft 12, übernimmt Brecht noch einmal Keuner-Geschichten, aus *Kalendergeschichten*.

Ende November: Brecht bittet Peter Suhrkamp um den Nachdruck der ersten *Versuche*-Hefte 1–8 (1930–1933). Das wird 1959 realisiert.

1956 14. August: Brecht stirbt in Berlin.

1957 In *Zweites Sonderheft Bertolt Brecht* der Zeitschrift *Sinn und Form* erscheinen erstmals *Geschichten vom Herrn Keuner* aus dem Nachlass.

1962 Während der Arbeit an der Werkausgabe Brechts (Suhrkamp Verlag und Aufbau-Verlag) werden im Nachlass weitere Keuner-Geschichten entdeckt und in der Bibliothek Suhrkamp, Nr. 81, unter dem Titel *Geschichten* herausgegeben.

1965 In der Werkausgabe erscheinen die bisher bekannten Keuner-Geschichten als eine Sammlung.

1995 In Band 18, Prosa 3, der GBA erscheinen die bisher bekannten Keuner-Geschichten, getrennt nach Sammlungen Brechts und »Zu den Geschichten vom Herrn Keuner gehörende Texte« aus dem Nachlass.

2000 25. September: In Zürich stirbt die Dokumentarfilmerin Renata Mertens-Bertozzi, 1948 Brechts Gastgeberin in Feldmeilen. In ihrem Nachlass wird die von Brecht zurückgelassene Mappe »geschichten vom h k« gefunden.

2004 Die 15 unbekannten Keuner-Geschichten aus der Mappe werden in *Geschichten vom Herrn Keuner. Zürcher Fassung* veröffentlicht.

2006 In der Ausgabe st 3846 werden erstmals die Keuner-Geschichten aus der GBA und aus der *Zürcher Fassung* zusammen publiziert.

Einführung

Im Sommer 1948 schrieb Bertolt Brecht aus Zürich an den Gebrüder Weiß-Verlag in Berlin, wo seine *Kalendergeschichten* für den Druck vorbereitet wurden: »Der Satzspiegel zu den Kalendergeschichten gefällt mir sehr.« (BBA E 35/103) Im selben Brief bat er darum, als letzte Geschichte noch eine große Gruppe der *Geschichten vom Herrn Keuner* hinzuzufügen: »Der Titel jedoch nicht auf eigenem Blatt [...], sondern wie bei den andern Erzählungen einfach darüber. Zwischen den Geschichten bitte etwas Raum lassen, sonst verschwimmen sie in einander.« (Ebd.) Es ging Brecht nicht nur um die Reihenfolge der kleinen Texte, die er durch Ziffern festlegte, sondern auch um die Typographie. Sie entsprach der ersten Sammlung *Geschichten vom Herrn Keuner* in den *Versuchen*. Allerdings war ihre Zahl um einiges gewachsen. Von den 20 Keuner-Geschichten, die er 1930 und 1932 in den *Versuche*-Heften veröffentlicht hatte, wählte er 15 aus und fügte 24 hinzu, die während des Exils in Skandinavien und in Amerika entstanden waren, vielleicht sogar noch in der Schweiz, wo sich Brecht ein Jahr vor seiner Rückkehr nach Deutschland niedergelassen hatte. Die *Kalendergeschichten* sind, nach der *Dreigroschenoper*, Brechts am weitesten verbreitetes Werk geworden, mit ihren Erzählungen, Gedichten und den darin enthaltenen 39 *Geschichten vom Herrn Keuner*.

Kalendergeschichten

44 dieser zumeist kleinen Texte hat Brecht zu seinen Lebzeiten veröffentlicht, nach 1949 keine anderen mehr. Noch 1955 hat er der Bitte nicht entsprechen wollen, die Keuner-Geschichten der *Kalendergeschichten* zu erweitern. Das mag in der Lizenz des Gebr. Weiß Verlags begründet sein, die Gestalt des Buches, das inzwischen in mehrere Sprachen übersetzt worden war, nicht mehr zu verändern. Aber auch Brechts Sicht auf die Gestalt des Denkenden, anfangs eines der Pseudonyme für Herrn Keuner, hatte sich seit Mitte der dreißiger Jahre gewandelt und nach verschiedenen Richtungen hin aufgespalten. Er arbeitete nicht nur an Geschichten über Herrn Keuner oder an verwandten Werken, wie dem *Buch der Wendungen* mit exemplarischen Geschichten um den chinesischen Philosophen Me-ti (5. Jh. v. d. Z.)

Gestalt des Denkenden

und den *Flüchtlingsgesprächen*, er begann auch einen satirischen *Tui*-Roman. Der Name Tui, eine Schöpfung Brechts, entstand durch Zusammenziehung und Umstellung der Silbenanfänge des Wortes »intellektuell«, so nennt er »die Angehörigen der Kaste der Tellekt-Uell-Ins, der Kopfarbeiter« (GBA 17, S. 46). 1954 beendete er sein Tui-Stück *Turandot oder der Kongreß der Weißwäscher*.

»Apostatischer Kopfarbeiter«

Herr Keuner gehört dagegen zu den »apostatischen Kopfarbeitern« (GBA 23, S. 77), zu den abtrünnigen Intellektuellen im Umfeld des Proletariats, wie sie Brecht im *Kleinen Organon für das Theater* bezeichnet. Man kann den veränderten Blick auf die Träger des Wissens an Brechts Drama über den italienischen Mathematiker, Physiker und Astronomen Galileo Galilei, *Leben des Galilei*, beobachten. Unter dem Eindruck des Weltkriegs hat er es umgeschrieben. In der ersten Fassung (1938/39) erzählt Galilei als Gleichnis für seine eigene Anpassung die Geschichte

»Keunos«

vom (erfundenen) kretischen Philosophen Keunos (GBA, Bd. 5, S. 72 f.). Es ist die Situation des Herrn Egge, die wir aus *Maßnahmen gegen die Gewalt* kennen. Wie dieser ordnet sich Keunos unter, bewirtet den Agenten, vertreibt die Fliegen, antwortet aber erst nach dessen Tod (mit dem auch die Gewalt beendet ist) auf die Frage, ob er ihm dienen wolle: »nein«. In der *Galilei*-Fassung von 1955/56 ist diese Erzählung nicht mehr enthalten. Galilei bereut, dass er widerrufen hat. Nichtsdestoweniger bleibt er bei Brecht eine große Gestalt, nicht zuletzt durch die Fähigkeit, über sich selbst urteilen zu können.

Herr Keuner ist eine Figur, die viel abstrakter ist, dennoch erfreut er sich großer Beliebtheit. Er gibt uns zu denken, wenn er Haltungen vorzeigt und kommentiert, selbst dadurch, dass er irritiert. Daran hat sich nichts geändert, auch wenn die späteren Geschichten komischer wirken, fast altersweise geworden sind.

Brecht hat noch in den 1950er Jahren Keuner-Geschichten geschrieben, sie aber nicht mehr veröffentlicht. Die Manuskripte der frühen Keuner-Geschichten hat er aufbewahrt. Sie wurden zusammen mit den anderen, die im Nachlass aufgefunden wurden, nach und nach veröffentlicht.

Diese Leseausgabe trennt die zu Lebzeiten erschienenen *Geschichten vom Herrn Keuner* und den Nachlass. Sie folgt der

Anordnung, die Brecht seinen Sammlungen selbst gab – in den *Versuche*-Heften 1 (1930), 5 (1932), 12 (1953) sowie im Schlussteil der *Kalendergeschichten* (1949). Es sind jeweils alle Geschichten aus einer Sammlung abgedruckt, auch wenn sich dadurch (ab 1949) Wiederholungen ergeben. Brecht kam es auf den Zusammenhang der ausgewählten Geschichten an, in späteren Drucken korrigierte er vorsichtig im Titel oder im Text. Solche Veränderungen sind interessant und aussagekräftig.

Anordnung der Keuner-Geschichten

Der zweite Teil versammelt die im Nachlass vorgefundenen Geschichten. Sie machen mit 77 Texten die weitaus größere Gruppe aus. Viele von ihnen erscheinen fertig, andere tragen einen fragmentarischen Charakter. Reihenfolge und Datierung orientieren sich am Überlieferungszusammenhang. Insgesamt sind es 121 Texte unter dem vereinigenden Titel *Geschichten vom Herrn Keuner.*

Geschichten aus dem Nachlass

In den Wort- und Sacherläuterungen wird vermerkt, wenn in einer Brecht-Ausgabe des Suhrkamp Verlages – der *Zürcher Fassung* (ZF) oder den *Notizbüchern*, Bd. 7 (NB 7) – das Faksimile eines Entwurfs oder die Variante einer Geschichte abgebildet ist.

Entstehungs- und Textgeschichte

Brechts *Geschichten vom Herrn Keuner* entwickelten sich in der experimentellsten Zeit seines Schreibens, in den Jahren 1926 bis 1933, als er in ständigem Kontakt mit anderen Autoren, Mitarbeitern, Dramaturgen, Schauspielern, Musikern arbeitete. Diese Phase wird durch seine erzwungene Flucht aus Deutschland abgebrochen. Während der späteren Jahre entstanden weitere Keuner-Geschichten, die mit der Erfahrung des Exils und seinen letzten Lebensjahren in der DDR zu tun haben.

Fatzer; Koch wird Keuner

Um 1929 benennt Brecht in den Manuskripten von *Fatzer*, einem umfangreichen Stückprojekt, die Figur Koch in Keuner um. Keuner erscheint »sowohl als handelnde Figur mit den Zügen eines Lehrers der anderen Figuren, [wird] gelegentlich als ›ideologischer Sekretär‹ bezeichnet, dem die Verlesung der Kommentartexte übertragen ist (vgl. den Leiter des Parteihauses in der frühen Fassung *Die Maßnahme*) und zugleich als die erzählte Gestalt des ›Denkenden‹ in den Kommentar-Texten« (Klaus-Detlef Müller, S. 108). In Entwürfen zu *Aus nichts wird nichts*, *Der Brückenbauer*, *Der böse Baal der asoziale* experimentiert Brecht mit Keuner-Figuren, die abstrakter und allgemeiner gehalten sind, oder unter anderen Bezeichnungen wie *der Denkende*, *der Erleuchtete*, *der Weise*. In Passagen, die von einem Chor verkündet, von einer Figur in den Raum gesprochen werden, spricht auch schon ein *Keiner*. Viele Geschichten entstehen jetzt, vielleicht als produktiver »Abfall«, durchaus parallel zu ihrer Verwendung in den Stücken. Durch Umstrukturierung von Rollentexten und Kommentaren, die Verschiebung eines Verbs in die Vergangenheitsform, einleitende oder abschließende Wendungen »sagte Herr Keuner/Herr Keuner sagte«, wurde die spezifische Form einer *Geschichte vom Herrn Keuner* geschaffen. Dieser Prozess ist aber durchaus nicht abgeschlossen und unumkehrbar gewesen. Das macht die Zuordnung zum Konvolut der Keuner-Geschichten aus dem Nachlass so schwer. Die Grenzen bleiben fließend. Man spricht von einem »Wandern der Themen und Figuren« (Villwock/Wizisla, S. 125).

Experimente mit Keuner-Figuren

Spezifische Form einer Keuner-Geschichte

Die großen Wirtschaftskrisen der 1920er Jahre brachten Brecht dem Marxismus näher. Zusammen mit dem Wirtschaftstheoretiker Fritz Sternberg (1895–1963), dem Juristen Karl Korsch (1886–1961), mit Walter Benjamin und Alfred Döblin hat er, zum Teil öffentlich, Themen diskutiert, die in seine Experimente des epischen Theaters, in Gedichte und Schriften Eingang fanden, auch in die Keuner-Geschichten.

Brecht nimmt dabei auch sehr alte Traditionen auf. Man hat ihm mehrfach Plagiate vorgeworfen. Das Zitieren jedoch verstand er als eine bewusste Methode, die Überlieferung wieder lebendig zu machen.

Plagiat-Vorwurf

In *Herr Keuner und die Originalität* (1929) heißt es: »Der chinesische Philosoph Dschuang Dsi verfaßte noch im Mannesalter ein Buch von hunderttausend Wörtern, das zu neun Zehnteln aus Zitaten bestand.« Das ist eine Montage aus drei Sätzen in *Das wahre Buch vom südlichen Blütenland*, die er wie aus einem Mauerwerk herausgenommen und als Bausteine neu wieder zusammengesetzt hat.

Auch heißt es schon bei Dschuang Dsi: »ich bediene mich äußerer Bilder, um meine Gedanken auszudrücken. Gerade wie ein Vater nicht selbst den Freier macht für seinen Sohn. Denn es ist besser, wenn ein Sohn von einem anderen gelobt wird als von seinem eigenen Vater.« (Dschuang Dsi, Kapitel »Gleichnisreden«, S. 207) Die Keuner-Geschichte *Als der Denkende in einen Sturm kam* kann als Umkehrung von Dschuang Dsis Gleichnis *Demut und Hochmut* gelesen werden, worin es heißt: »Aber die gewöhnlichen Menschen, wenn sie den ersten Rang bekommen haben, gehen stolz erhobenen Hauptes umher, wenn sie den zweiten Rang erhalten, so sitzen sie voll Anmaßung im Wagen.« (Dschuang Dsi, S. 213)

Aus der alten chinesischen Welt – von Konfuzius über Lao-Tse, den Taoisten Me-ti und Dschuang Dsi – holt Brecht die Wörter *Wahrheit*, *Literat*, *Weiser*, *Gelehrter*, *Beamter*, *Lehrer*, *Schüler* oder *Taten*, verfremdet den vertrauten zeitgenössischen Kontext, sodass sie nicht mehr so bekannt erscheinen.

Auf der Suche nach der Herkunft von Keuners Namen entdeckte Walter Benjamin den Bezug zur griechischen Literatur und zur Sprache des Neuen Testaments (Koinē), die sich wie Luthers Deutsch gegenüber verschiedenen Dialekten als eine allgemeine

Herkunft von Keuners Namen

Sprache erwiesen hat. Benjamin sieht auch die Verbindung zum griechischen Wort ουτις (utis): Niemand, Keiner. Diesen Namen gibt sich Odysseus in der Höhle des Polyphem, um sich und seine Gefährten vor den Kyklopen zu retten.

Eine glücklose Variante dazu findet sich in Brechts Stückfragment *Der Brotladen* (1929/30), wo die wohnungslose Witwe Quack, die in einem Zeitungskiosk übernachtet, auf die Frage eines Polizisten, wer darin sei, mit »Niemand!« antwortet. (GBA 10,1, S. 638) So hat schon Aristophanes (um 445–385 v.d.Z.), den Brecht sehr schätzte, in seiner Komödie *Die Wespen* jene Szene aus der Odyssee parodiert.

In den Notierungen zu *Fatzer* gibt es eine Textpassage, die der Figur Keuner zugeschrieben ist: »Alles ändert sich, wir aber / sollen uns nicht ändern?« (GBA 10,1, S. 475) Dem liegt zweifellos der Satz des Heraklit (550–480 v.d.Z.) zugrunde, dass niemand zweimal in denselben Fluss steige, dass alles und jeder sich ändert. Und Keuners Aussage »Nicht daß die Menschen verschieden sind, ist gut, sondern daß sie gleich sind ...« könnte auf

Platon

Platons Wendungen zurückgehen: »koina ta ton philon« (Gemeinsam sind die Interessen/die Angelegenheiten der Freunde) und »Wenn die Freunde gemeinsame Interessen haben, ist es nötig, dass die Freunde der Freunde gemeinsam sind«. Aktualisiert ist es der Gedanke der Solidarität.

Mit der Literatur der Moderne hat Brecht den Gedanken von der Auflösung der unverwechselbaren Identität gemein. In seinem Stück *Mann ist Mann* lässt er sogar einen Mann in einen anderen

Valérys *Monsieur Teste*

»umbauen«. Der Umstand, dass der kühle *Monsieur Teste*, eine Figur des französischen Schriftstellers Paul Valéry, 1927 in deutscher Übertragung zunächst *Herr Teste* hieß, könnte dazu beigetragen haben. Denn mit dem literarischen »Ideenungeheuer Monsieur Teste« (ZF, S. 119) ist Herr Keuner verwandt.

Zu dem Titel *Geschichten vom Herrn Keuner* könnten Brecht

Rilkes *Geschichten vom lieben Gott*

Rainer Maria Rilkes *Geschichten vom lieben Gott* angeregt haben, ein Buch, das er damals aufmerksam las.

Reales Vorbild?

Nach all diesen Ausführungen scheint es überflüssig zu sein, nach einem realen Vorbild für Herrn Keuner zu fragen. Aber diese Frage ist eine Brücke zur Literatur, und Brecht kam ihr, wenn sie gestellt wurde, gern entgegen. Im Oktober 1956 schreibt der Herausgeber der schwedischen Ausgabe der *Kalendergeschichten*, der deutsch-schwedische Journalist und Filmautor Erwin Leiser (1923–1996), der in Berlin Gespräche mit Brecht führte, Herr Keuner hätte sein Vorbild von einem »gatuoriginal« (wörtlich: Straßenoriginal), einem Sonderling, »aus seiner Geburtsstadt Augsburg erhalten, aber auch von dem griechischen Wort ›koinos‹, er ist einer aus dem Volk, ein Mann, der seine eigene Logik hat gegenüber den allgemein akzeptierten Überzeugungen der Gemeinschaft« (Leiser, S. 5). Das führt nun direkt zu Brechts Vorstellungen über den Wert mündlich überlieferter Philosophie (vgl. *Über die Philosophie*, Anhang 1, S. 169) und die Kraft von Außenseiter-Gestalten. Es erinnert weiter an Brechts kleinen Artikel »Das Urbild Baals« in der Theaterzeitschrift *Die Scene* von 1926. Darin schreibt er, dass er die Geschichte eines Mannes behandle, von dem er gehört habe, dass er in A. gelebt habe, »ein gewisser Josef K., ein gelernter Monteur« (GBA 24, S. 11). Nachweislich geht das Stück *Die Lebensgeschichte des Mannes Baal* aber vor allem auf die Biographie des französischen Dichters François Villon (1431-nach 1463) zurück. Damals verwendete Brecht erstmals öffentlich das Kürzel »K.«. Mit dem Namen Josef K. legte er eine Spur zu Franz Kafkas Roman *Der Prozeß*, der 1925 im Verlag Die Schmiede erschienen war. So gehört auch Kafka zu den Anregern der *Geschichten vom Herrn Keuner*.

F. Villon

F. Kafka

Ausgewählte Texte: »Wer ist Herr Keuner?«

Herkunft von Herrn Keuner

Sie hatten einen Lehrer, den einzigen, wie Brecht sagt, bei dem sie etwas gelernt haben, obwohl er ihnen garnichts beibrachte. Er war nämlich der Feind. Und so hieß er auch. An ihm entwikkelte die Klasse die Künste, die man später im Leben gegen die Widersacher so nötig braucht. Dieser Mann also vertauschte in der Aussprache regelmäßig die »eu-« und die »ei-« Laute. Über ihn lief der Spottsatz um »Die alten Germanen meusselten ihre Zeuchen in Steuneuchen.« Nach dieser Redeweise wurde Keiner – denn »Keiner« ουτις ist bei Brecht ursprünglich der Name des Denkenden – zu Keuner. Dieser Name klingt nun merkwürdigerweise sehr an das griechische koin[ē] an – und das ist ja auch in der Ordnung, denn das Denken ist das Gemeinsame. [Walter Benjamin, in: *Gesammelte Schriften*, Bd. VII, 2, S. 655]

Vita Fictiva

Keuner, Herr, auch Herr K., H. K., G. Keuner, H. H., genannt auch »Der Denkende«, Lebensdaten, Geburts- und Sterbeort nicht ermittelt, ist bekannt geworden durch die *Geschichten vom Herrn Keuner*, in denen Bertolt Brecht (1898–1956) Erfahrungen und Aussprüche K.'s überliefert hat. K. stammte vermutlich aus dem bayerisch-schwäbischen Raum und lebte in der ersten Hälfte des 20. Jahrhunderts. Er war Schriftsteller, mußte emigrieren, wobei er alle seine literarischen Arbeiten verlor. Berichtet wird von einer Konfrontation mit einem Offizier einer Besatzungsmacht. K., heißt es, blieb Zeit seines Lebens in Kämpfe verwickelt. Einmal soll er sich öffentlich gegen Gewalt ausgesprochen haben. Über die äußeren Verhältnisse K.'s konnte außerdem ermittelt werden, daß er zumindest einen Mitarbeiter und Schüler hatte. K. scheint als Lehrer gearbeitet zu haben. Er verfügte über juristische Grundkenntnisse. In Erfahrung konnte ferner gebracht werden, daß K. philosophiegeschichtliche Literatur und Gedichte las, zeitweise bei einem Gärtner arbeitete – nicht gerade zu dessen Zufriedenheit. K. war Anhänger einer Lehre, unklar ist, ob er einer Partei zugehörte. Über die persönlichen Verhältnisse K.'s weiß man, daß er einen Sohn hatte und mindestens eine Schwester oder einen Bruder; ein Gespräch mit einer Nichte ist belegt. K. lebte in Städten, er zog die Stadt B. der Stadt A. vor, von der Natur empfahl er, einen sparsamen Gebrauch zu machen. Er verfügte über Erfahrungen als Gastgeber und als Gast, achtete darauf, daß seine Wohnung mehr als einen Ausgang hatte, wohnte bei einer Wirtin, von deren Tochter man gehört hat, hatte einen sportlichen, kämpferischen Nachbarn und eine Freundin, die Schauspielerin war. K.'s Tendenz zum Asketischen ist aufgefallen; er könne überall hungern, sagte er einmal. K. hatte gelernt, Auto zu fahren, er konnte singen. Er galt als verläßlich, nachsichtig, humorvoll, hatte Krankheiten. K. liebte Katzen nicht, sein Lieblingstier war der Elefant. K. war ein Geschichtenerzähler, er schätzte Parabeln und Denkbilder und hatte unverkennbar eine Neigung zum Paradoxen. Seine pädagogische Praxis ist umstritten. Die Herkunft seines Namens ist nicht vollständig geklärt.

[Erdmut Wizisla, in: *Neues vom Herrn Keuner*, Berlin 2004]

Man könnte geneigt sein, eine Biographie Keuners zu erzählen: K. scheint als Lehrer gearbeitet zu haben, er verfügte über juristische Grundkenntnisse, las philosophiegeschichtliche Literatur und Gedichte. Er wohnte bei einer Wirtin, hatte einen Sohn, eine Nichte, Schüler, eine Freundin, die Schauspielerin war, einen sportlichen Nachbarn, er konnte Auto fahren, singen usw. Je mehr man zusammenträgt, desto deutlicher zeigt sich aber, daß Keuner in hohem Maße unpersönlich bleibt. Die biographischen Merkmale erweisen sich als trügerisch, sie stiften keine Identität, das über Keuner zusammengetragene Material wehrt sich gegen Zuschreibungen. Sein Gesicht ist eine Maske. Er ist ein »Mann ohne Eigenschaften« (Klaus Heinrich). Die Spannung zwischen dem Spiegelbild des Autors und einer völlig von ihm gelösten Denkgestalt prägt die Geschichten, vor allem, wenn man sie als Folge liest. Es ist ein übermütiges Spiel mit einer Figur, der Umstände, Affekte und Gewohnheiten angedichtet wurden und die dennoch nicht zur Person wird, sondern Phantom, Kopfgeburt, Prinzip bleibt.

[Erdmut Wizisla, in: Bertolt Brecht, *Geschichten vom Herrn Keuner. Zürcher Fassung*, Nachwort, S. 120]

1931, bald nach der Veröffentlichung der ersten Sammlung *Geschichten vom Herrn Keuner*, bezieht sie Walter Benjamin in seine für die *Frankfurter Zeitung* vorgesehene Studie *Was ist das epische Theater?* ein. Ein distanzierendes Denken, das Vorgänge auf der Bühne als die wirklichen Zustände erkennen lässt, ließe sich mit dem Blick eines Fremden in altgewohnte Verhältnisse vergleichen. »Einen solchen Fremden kennt man aus Brechts Versuchen: einen schwäbischen ›Utis‹, ein Gegenstück zum griechischen ›Niemand‹ Odysseus, der den einäugigen Polyphem in der Höhle aufsucht. So dringt Keuner – so heißt der Fremde – in die Höhle des einäugigen Ungetüms ›Klassenstaat‹. Listenreich sind beide, ebenso leidgewohnt, viel bewandert; beide sind weise.« (Benjamin 1972, S. 11 f.)

W. Benjamin

Der Keuner aus den Prosageschichten wird so von Benjamin problemlos in die Theatergeschichte eingereiht, auch durch das Motiv, »Gesten zitierbar zu machen«. Er sei »der untragische Held«, anwesend auf der Bühne wie die adligen Zuschauer im klassizistischen französischen Theater. Tatsächlich lässt Brecht in *Aus nichts wird nichts* einen Denkenden auf die Bühne kommen und sich mit den Schauspielern unterhalten. Es entspricht seinem Experiment in den *Versuchen*, Texte verschiedener Gattungen nebeneinander zu stellen und aufeinander wirken zu lassen.

»Der untragische Held«

Der Theologe Karl Thieme (1902–1963) machte in der Zeitschrift *Hochland* (1931/32) in einem Aufsatz »Des Teufels Gebetbuch?« über Brechts Werk an diesem Punkt die Entwicklung vom Nihilismus zum Sozialen aus: »Denn aus der radikalen Verneinung des Ich ist am Ende die Bejahung des Mitmenschen geworden, freilich nicht des Mitmenschen als Du, des Nächsten, sondern zunächst einmal die des ebenfalls vernichtigsten Mitmenschen, des Inbegriffs von Nicht-Ich, des Proletariats.« (Thieme, S. 407) Thieme nimmt eine Nähe zu den Gedichten *Aus dem Lesebuch für Städtebewohner* wahr, zu einer Refrainzeile »Verwisch die Spuren!«. Gleichzeitig habe sich Brecht in den Keuner-Geschichten »sehr stark an altchinesische Formen des Philoso-

K. Thieme

phierens angelehnt, in denen sich auch tatsächlich Gehalte unserer Zeit behandeln lassen« (Thieme, S. 410).

A. Müller/ G. Semmer 1967 gaben André Müller und Gerd Semmer eine Sammlung mit Episoden aus Brechts Leben unter dem Titel *Geschichten vom Herrn B. 99 Brecht-Anekdoten* heraus, ein unterhaltsames Buch nach dem Muster der *Geschichten vom Herrn Keuner* (Müller/ Semmer 1967). Es belegt aber, dass sich das Verständnis der Keuner-Geschichten auf ihren biografischen Inhalt und auf die Form der Anekdote verengt hatte, die gar nicht repräsentativ für alle Keuner-Geschichten sind. Die von Keith A. Dickson editierte englische Ausgabe der *Kalendergeschichten* enthält sogar eine Brecht-Karikatur des polnischen Zeichners Andrzej Stopka, die Brecht in lässiger Haltung und einem viel zu großen Anzug zeigt, mit der Bemerkung: »Brecht in der Gestalt von Herrn Keuner« (Dickson 1971).

K. A. Dickinson

Nach dem Erscheinen von Brechts Werkausgaben zitierte man gern, um die eigene Argumentation zu unterstützen, aus seinen Schriften, mit den Worten: »Brecht hat einmal gesagt ...« Auch das folgte, mündlich oder schriftlich, dem Muster der *Geschichten vom Herrn Keuner*.

G. Anders Der Kulturphilosoph Günter Anders (1902–1992), der 1931 schon einmal einen Rundfunkvortrag über *Brecht als Denker* gehalten hat, schrieb 1979, Keuner sei »Zwischenfigur« und »Strohmann« für Brechts eigene Aussagen gewesen: »Er war (was niemand der ihn gekannt hat, bestreiten kann) Brecht selbst.« (Anders 1979, S. 159) Benjamin Henrichs entwickelte in *Die Zeit* dagegen: »Herr K. ist ein Phantom, eine Kunst-, Spiel-, und Denkfigur«, die allerdings autobiographische Züge trage (Henrichs 1979). In Klaus Heinrichs Essaysammlung *Versuch über die Schwierigkeit nein zu sagen* ist Keuner ein »Mann ohne Eigenschaften«, wie die reflektierende Hauptfigur in Robert Musils gleichnamigem Roman (Heinrich 1982, S. 52).

B. Henrichs

K. Heinrich

H. Müller Der Dramatiker Heiner Müller (1929–1995) sah umgekehrt die Gefahr, »Brecht auf Keuner zu reduzieren« und ihn damit zu »domestizieren« (ZF, S. 121). Für ihn sind die Leseeindrücke der ersten *Versuche*-Hefte bestimmend für das eigene Werk gewesen. Mit der Keuner-Figur, die er im Zusammenhang mit dem *Fatzer*-Fragment sah, setzte er sich in einer Krise der eigenen

Lehrstück-Produktion auseinander. Keuner sei als Johann Fatzers Gegenspieler (und in anderen Lehrstücken Brechts) ein Pragmatiker, an dem letztlich jede Revolution scheitere (Müller, *Fatzer ± Keuner* 1979). Müller lehnte auch den Gedanken ab, dass man alle Keuner-Geschichten zusammen publizieren sollte (ZF, S. 121). Der Fund der unbekannten Mappe »geschichten vom h k« zu Beginn dieses Jahrhunderts in Zürich bestätigt indes, dass Brecht diese Polarität aufgegeben und die Keuner-Geschichten zu einer eigenständigen Form ausgebildet hat.

Zur Forschung

M. Nutz

K.-D. Müller

Apophthegma

Bei den Versuchen, die Keuner-Geschichten formtypologisch einzuordnen, schreibt Maximilian Nutz im *Brecht-Handbuch*, hätte die Forschung zu wenig beachtet, dass die »Geschichten« im Verlauf von Brechts Arbeit einem Wandel unterliegen, und von einem einheitlichen Typus deshalb kaum die Rede sein kann. Fast die Hälfte der bis 1930 entstandenen etwa 50 Texte habe »die Form des in der Arbeit an den Lehrstücken entwickelten Kommentars: ›Wer lehrt, ist nicht der Beste. Einer nützt. Er lehrt den andern. Nicht daß sie so sind wie er, sondern daß sie anders sind als sie selber – das nützt ihnen‹.« (*Brecht-Handbuch* 2002, Bd. 3, S. 142) Keuner-Geschichten können eine kleine Geschichte, eine Anekdote, ein Denkbild, Spruch, ein Aphorismus, eine Parabel, ein Apophthegma sein. Klaus-Detlef Müller fand heraus, dass von »den geläufigen Formen [...] das *Apophthegma* am ehesten dem Typus der Keuner-Geschichten« entspricht: »Das gattungsspezifische Kennzeichen des Apophthegma ist seine Zweiteiligkeit: eine besondere (zunächst historische) Situation wird knapp und prägnant geschildert und dann in einem pointierten, oft überraschenden Sinnspruch gedeutet.« Zugleich weise die Aussage über den Anlass hinaus, »und versteht sich als Anleitung zum Denken« (K.-D. Müller 1980, S. 130f.).

J. Knopf

R. Steinweg

Julia Knopf hat in einer pädagogischen Studie Kindergartenschüler, Grundschüler und Gymnasiasten über die Wirkung der Keuner-Geschichte *Gerechtigkeitsgefühl* befragt. Die Kinder und Jugendlichen waren zumeist anderer Ansicht als Herr Keuner, wurden durch die Geschichte aber angeregt, eine eigene Meinung zu entwickeln (Julia Knopf 2009). Frühere Forschungen galten schon der Vorführung dialektischen Denkens durch die Figur Keuner in einer »deiktischen« (zeigenden, hinweisenden) Prosa« (Häußler 1981). Rainer Steinweg hatte in *Das Lehrstück. Brechts Theorie einer politisch-ästhetischen Erziehung* (1972) den Zusammenhang der Keuner-Geschichten mit den Lehrstücken und mit den Entwürfen zu *Fatzer* freigelegt.

H. Bergmeier/ E. Koller

Horst Bergmeier und Erwin Koller haben wiederum den Namen »Keuner« als koinos (griechisch für »allgemein«) untersucht.

Brecht stelle seine Figur neben Hugo von Hofmannsthals Drama *Jedermann*, das 1920 durch die Salzburger Festspiele berühmt wurde, aber schon auf alte englische Mysterienspiele zurückgehe. Den verneinenden Gestus vieler Geschichten brachten sie mit den Aphorismensammlungen der Romantik in Verbindung, so mit Novalis' *Blütenstaub* (Bergmeier/Koller 2000).

Neben einer Fülle von Einzeluntersuchungen gibt es umfassende Interpretationen, so von Jan Knopf (*Brecht-Handbuch* 1984) und Dieter Wöhrle (1989), der sich u. a. Brechts Vorbildern um 1930 zuwendet, etwa dem 1922 durch den Berliner Sinologen Alfred Forke übersetzten und herausgegebenen Chinesen *Mê Ti*, von dem sich Brecht viele Anregungen holte, auch die dialogische Struktur in einigen Geschichten.

Brechts Arbeit an seinen Werken war ein Prozess, der vor einer Drucklegung (oder Inszenierung) noch einmal aktiviert wurde. Das trifft auch auf *Geschichten vom Herrn Keuner* zu. Darauf machte Erdmut Wizisla als Herausgeber der *Zürcher Fassung* 2004 aufmerksam, indem er aus der vorgefundenen Mappe »geschichten vom h k« noch weitere Varianten bereits veröffentlichter Texte abdruckte, nicht nur die 15 unbekannten *Geschichten vom Herrn Keuner*. Aus den *Notizbüchern* Brechts, die gegenwärtig von Peter Villwock und Martin Kölbel vom Institut für Textkritik Heidelberg herausgegeben werden, sind ebenfalls neue Erkenntnisse zu erwarten. Zahlreiche Keuner-Texte hat sich Brecht in diese Hefte notiert. Zu seiner Methode, Zitate zu montieren, heißt es in der Einführung dieser Edition des Suhrkamp Verlages: »In Brechts Netz sammelten sich vielerlei Stoffe. Dem juristisch (Copyright), ästhetisch (Genie-Paradigma) und moralisch (›Du sollst nicht stehlen!‹) geforderten und zur Selbstverständlichkeit gewordenen Axiom eindeutiger Zuschreibbarkeit jeder Äußerung (geistiges Eigentum) stellte er die Theorie eines kollektiven Traditionsstromes entgegen, der den einzelnen hebt und trägt« (Villwock 2010, S. 10). In den *Notizbüchern* werden die Aufzeichnungen Brechts abgebildet und kommentiert, und der Leser kann sich ein Bild darüber verschaffen, in welchem gedanklichen Umfeld eine Geschichte entsteht.

E. Wizisla

P. Villwock

Literaturhinweise

Die Verweise auf Brechts Werke beziehen sich auf:

Brecht, Bertolt: Werke. Große kommentierte Berliner und Frankfurter Ausgabe, hg. von Werner Hecht, Jan Knopf, Werner Mittenzwei u. Klaus-Detlef Müller. Berlin u. Weimar u. Frankfurt/M. 1988 ff. [zitiert als GBA mit Band u. Seitenzahl].

Brecht, Bertolt: Geschichten vom Herrn Keuner: Zürcher Fassung, hg. v. Erdmut Wizisla. Frankfurt/M. 2004 [zitiert als ZF u. Seitenzahl].

Brecht, Bertolt: Geschichten vom Herrn Keuner. Erste vollständige Ausgabe aller 121 Geschichten, hg. v. Wolfgang Jeske. suhrkamp taschenbuch 3846. Frankfurt/M. 2006 [st 3846].

Brecht, Bertolt: Notizbücher, hg. v. Martin Kölbel u. Peter Villwock. Berlin 2010. Band 7. Notizbücher 24 u. 25 (1927–1930). [zitiert als NB 7 u. Seitenzahl].

Bertolt-Brecht-Archiv, Akademie der Künste Berlin [zitiert als BBA].

A. Sammlungen Brechts in Ausgaben zu Lebzeiten

Geschichten vom Herrn Keuner (1930). In: *Versuche 1–3*, H. 1. Berlin 1930, S. 22–25.

Geschichten vom Herrn Keuner (1932). In: *Versuche 13*, H. 5. Berlin 1932, S. 456–459.

Geschichten vom Herrn Keuner (1949). In: *Kalendergeschichten*. Berlin/West 1949, S. 160–184 [Herausgabe und Satz].

Geschichten vom Herrn Keuner (1949). In: *Kalendergeschichten*. Halle/Saale 1949, S. 160–184 [Lizenzausgabe und Druck].

Geschichten vom Herrn Keuner (1953). In: *Versuche 27/30*, H. 12. Berlin 1953, Berlin/West u. Berlin/DDR, 1953, S. 149–154.

Geschichten vom Herrn Keuner. In: *Kalendergeschichten*. Hamburg 1953.

Geschichten vom Herrn Keuner. In: *Kalendergeschichten*. Berlin u. Weimar 1954.

B. Ausgaben mit Erstveröffentlichungen aus dem Nachlass

Geschichten vom Herrn Keuner. In: *Sinn und Form. Zweites Sonderheft Bertolt Brecht*, hg. v. Peter Huchel. Berlin 1957, S. 185–187.

Geschichten vom Herrn Keuner. In: *Geschichten*. Frankfurt/M. 1962 [Bibliothek Suhrkamp; 81].

Geschichten vom Herrn Keuner. In: *Gesammelte Werke*, Bd. 12. Prosa 2. Frankfurt/M. 1965.

Geschichten vom Herrn Keuner. In: *Gesammelte Werke*, Bd. 12. Prosa 2. Frankfurt/M. 1967.

Bertolt Brecht: Werke. Bd. 18, Prosa 3. Sammlungen und Dialoge. Berlin u. Weimar 1995 [GBA 18].

Geschichten vom Herrn Keuner. Zürcher Fassung, hg. v. Erdmut Wizisla, Frankfurt/M. 2004 [ZF].

C. Materialien (Auswahl)

Die Bibliothek Bertolt Brechts. Ein kommentiertes Verzeichnis. Hg. v. Bertolt-Brecht-Archiv, Akademie der Künste. Bearb. v. Erdmut Wizisla, Helgrid Streidt u. Heidrun Loeper. Frankfurt/M. 2007.

Hecht, Werner: *Brecht-Chronik 1898–1956.* Frankfurt/M. 1997.

Kugli, Anna/Opitz, Michael: *Brecht-Lexikon.* Stuttgart 2006.

Neues vom Herrn Keuner. Ausstellung der Akademie der Künste Berlin in Zusammenarbeit mit der Stiftung »Brandenburger Tor« und dem Strauhof Zürich auf der Grundlage der Brecht-Sammlung Renata Mertens-Bertozzi. Berlin, Pariser Platz 7, Max-Liebermann-Haus, 3. Oktober–28. November 2004. – Faltblatt der Ausstellung.

D. Forschungsberichte

Müller, Klaus-Detlef: »Geschichten vom Herrn Keuner«. In: *Brecht-Kommentar zur erzählenden Prosa* [Brecht-Kommentar 2]. München 1980, S. 97–133.

Nutz, Maximilian: »Geschichten vom Herrn Keuner«. In: *Brecht-Handbuch*, hg. v. Jan Knopf, Bd. 3. Stuttgart u. Weimar 2002, S. 129–155.

E. Interpretationen und Quellen (Auswahl)

Anders, Günter: *Mensch ohne Welt.* Schriften zur Kunst und Literatur. München 1984.

Aristophanes: Die Wespen, Die Wolken, in: *Komödien in zwei Bänden.* Bd. 1. Weimar 1963.

Bartel, Klaus: Veni, vidi, vici. Geflügelte Worte aus dem Griechischen und Lateinischen. München 2008.

Benjamin, Walter: *Gesammelte Schriften.* Bd. II, hg. v. Rolf Tiedemann u. Hermann Schweppenhäuser. Frankfurt/M. 1966.

Benjamin, Walter: »Herkunft von Herrn Keuner«. In: ders.: *Gesammelte Schriften.* Bd. VII,2. Frankfurt/M. 1989, S. 655.

Benjamin, Walter: *Versuche über Brecht.* Hg. u. mit einem Nachwort versehen v. Rolf Tiedemann. Frankfurt/M. 1975.

Bergmeier, Horst/Koller, Erwin: »Anlässlich Keuners Negativität: Romantischer Brecht?« In: *Rahmenwechsel. Colóquio Brecht.* Universidade des Minho 2000, S. 77–96.

Dschuang Dsi: *Das wahre Buch vom südlichen Blütenland.* Aus dem Chinesischen verdeutscht und erläutert v. Richard Wilhelm. Jena 1923.

Friedrich, Detlef: »Das heißt, sich das leicht machen. Neues vom Herrn Keuner«. In: *Berliner Zeitung*, 4. 10. 2004.

Frisch, Max: *Erinnerungen an Brecht* [zuerst 1966 in *Kursbuch*]. Mit einem Nachwort v. Klaus Völker. Berlin 2009.

Häußler, Inge: *Denken mit Herrn Keuner. Zur deiktischen Prosa in den Keunergeschichten und Flüchtlingsgesprächen*. Berlin 1981.

Heinrich, Klaus: *Versuch über die Schwierigkeit nein zu sagen*. Basel u. Frankfurt/M. 1982.

Henrichs, Benjamin: »Bertolt Brecht. Geschichten vom Herrn Keuner«. In: Raddatz, Fritz J. (Hg.): *ZEIT-Bibliothek der 100 Bücher*. Frankfurt/M. 1980, S. 436–438.

Knopf, Jan: »Geschichten vom Herrn Keuner 1926–1956«. In: ders.: *Brecht-Handbuch. Lyrik, Prosa, Schriften*. Stuttgart u. Weimar 1984, S. 311–322.

Knopf, Julia: *Literaturbegegnung in der Schule*. München 2009.

Konfuzius: *Gespräche*. Aus dem Chinesischen übers. u. hg. v. Ralph Moritz. Leipzig 1988.

Laotse: *Tao te king. Das Buch vom Sinn und Leben*. Aus dem Chinesischen v. Richard Wilhelm. Mit einem Nachwort v. Heiner Roetz. München 2005.

Leiser, Erwin: »Förord«. In: Bertolt Brecht, *Cäsar och hans legionär*. Übers. v. N. Holmberg, E. Leiser, Å. Lindström. Stockholm 1956.

Lindner, Burghardt: »Das Messer und die Schrift: Für eine Revision der ›Lehrstückperiode‹«. In: *Der andere Brecht II*. The Brecht Yearbook/Das Brecht-Jahrbuch. Hg. v. Marc Silberman u. a. Bd. 18, S. 43–57.

Lukrez: »Über die Natur der Dinge«, in: Lukrez/Vergil: *Römische Epik*. Hg. v. S. Müller u. H. Kleinstück. Weimar 1959, S. 5–135.

Müller, André/Semmer, Gerd: *Geschichten vom Herrn B. 99 Brecht-Anekdoten*. Frankfurt/M. 1967.

Müller, Heiner: »*Fatzer ± Keuner*«. In: *HEINER MÜLLER MATERIAL*. Texte und Kommentare, hg. v. Frank Hörnigk. Leipzig 1990, S. 30–36.

Rilke, Rainer Maria: *Geschichten vom lieben Gott*. Leipzig 1921.

Steinweg, Reiner: *Das Lehrstück. Brechts Theorie einer politisch-ästhetischen Erziehung*. Stuttgart 1972.

Thieme, Karl: »Des Teufels Gebetbuch? Eine Auseinandersetzung mit dem Werke Bertolt Brechts«. In: *Hochland*, H. 5 (1931/32), S. 397–413.

Valéry, Paul: *Monsieur Teste*. Übers. v. Max Rychner, Leipzig u. Weimar 1980.

Villwock, Peter/Wizisla, Erdmut: »Brechts Notizbücher. Überlegungen zu ihrer Edition«. In: *TextKritische Beiträge*. Heidelberg 2005, S. 115–144.

Villwock, Peter: *Bertolt Brecht, Notizbücher. Einführung in die Edition (NBA)*. Berlin 2010. Online: http://www.suhrkamp.de/brecht/bertolt brecht notizbuecher einfuehrung 559.html

Wellmann, Hans: »Über Brechts Prosastil in den ›geschichten vom h k‹.

Sprache als Ausdruck des Denkens«. In: *Der Schwabenspiegel, Jahrbuch für Literatur, Sprache und Spiel*. Bd. 6. Augsburg 2007, S. 85–96.

Wesener, Sigrid/Wizisla, Erdmut: »*Herr K. vertritt die Leute*«. Gespräch im Deutschlandradio Berlin, Reihe Wortspiel, 7.9.2004. In: *Dreigroschenheft*. H. 4, Augsburg 2004, S. 8–13.

Wilke, Judith: *Brechts Fatzer-Fragment. Lektüren zum Verhältnis von Dokument und Kommentar*. Bielefeld 1998.

Wizisla, Erdmut: »Wie dürfte ich jedem die gleiche Geschichte erzählen?« In: Brecht, Bertolt: *Geschichten vom Herrn Keuner: Zürcher Fassung*. Frankfurt/M. 2004, S. 111–125.

Wöhrle, Dieter: *Geschichten vom Herrn Keuner. Grundlagen zum Verständnis erzählender Literatur*. Frankfurt/M. 1989.

F. Hörbuch und Komposition

Brecht, Bertolt: *Geschichten vom Herrn Keuner*. Mit Manfred Krug. Produktion: Deutschlandradio Berlin 2004/Der Audio Verlag 2005.

Denisov, Edison V.: *Fünf Geschichten vom Herrn Keuner. Nach Texten von Bertolt Brecht für Tenor und sieben Instrumentalisten*. Premiere: Berlin 1968/Partitur: Wien: Universal-Edition 1997.

G. Fortschreibungen durch andere Autoren

Frisch, Max: »Als Herr Keuner, der eine Badewanne füllen wollte …«. In: ders.: *Entwürfe zu einem dritten Tagebuch*. Hg. v. Peter von Matt. Frankfurt/M. 2010.

Henschel, Gerhard: »Brechts Vermächtnis. Literaturgeschichte. Neue Geschichten vom Herrn K. entdeckt«. In: *Die Tageszeitung*, 31.1.2011, S. 20.

Wort- und Sacherläuterungen, Angabe der Entstehungszeit

Verbesserungen gegenüber Bd. 18:
Auswahl der Bestien: »Nachts im Schlaf auffahren ...« – Anfang einer neuen Strophe.
In *Der Denkende bedient sich der Wissenschaft* ...: »Solange er aus den Gleichnissen nichts beweist ...« (statt »nichts gewinnt«).
Oft, sehe ich, sagt der Denkende ...: Nach »oft« steht ein Komma.

10 *Weise am Weisen ist die Haltung]* 1929. Vgl. das antike Sprichwort: »Der Bart allein macht noch keinen Philosophen.«

10.8–12 **»Ich sehe dich [...] sehe deine Haltung.«**: Vgl. Gellius (2. Jh.), *Attische Nächte*: »Ich sehe [...] den Bart und den Mantel, den Philosophen sehe ich noch nicht.«

11 *Organisation]* 1929.

12 *Maßnahmen gegen die Gewalt]* 1929. Brecht notiert in diesem Kontext »Die Vergrabung der Lehre«.

12.27 **sieben Jahre lang**: In 1. Mose 41 deutet Joseph in Ägypten dem Pharao einen Traum, in dem er sieben magere Jahre voraussagte, denen aber sieben reiche Jahre folgen würden.

13 *Von den Trägern des Wissens]* 1929.

13.2 **Wer das Wissen trägt**: Im Lehrgedicht *Über die Natur der Dinge* von Lukrez (98–55 v.d.Z.) wird als »Wonne des Weisen« beschrieben, sich als Beobachter aus dem »Treiben der Menschen« herauszuhalten. Vgl. aber *An die Nachgeborenen* (GBA 12, S. 86): »In den alten Büchern steht, was weise ist: / Sich aus dem Streit der Welt halten [...] / Alles das kann ich nicht: / Wirklich, ich lebe in finsteren Zeiten.«

14 *Der Zweckdiener]* 1929.

15 *Die Mühsal der Besten]* 1929.

15.4 **Irrtum**: Vgl. Augustinus (354–430), Philosoph und Kirchenlehrer: »Wenn ich irre, bin ich.« These, nach der das eigene Scheitern den Menschen die Wahrheit erkennen lässt.

Die Kunst, nicht zu bestechen] 1929. Vgl. *Der kaukasische Kreidekreis*: Der Richter Azdak lässt sich von Grusche nicht bestechen (GBA 8, S. 90). 16

Vaterlandsliebe, der Haß gegen Vaterländer] 1929. Vgl. Erl. zu S. 19. 17

»Ich kann überall hungern.«: Vgl. auch »[...] sich von Eicheln und Gras der Erkenntnis nähren und um der Wahrheit wegen an der Seele Hunger leiden?« (Friedrich Nietzsche, in: *Also sprach Zarathustra. Ein Buch für Alle und Keinen*). Vgl. auch Aristophanes in der Komödie *Pluto*: »Ubi bene, ibi patria« (Wo es mir gut geht, da ist mein Vaterland). 17.3

es möchte [...] vertilgt werden: In 1. Mose, 6, 7 kündigt Gott die Sintflut an: »Ich will die Menschen, die ich geschaffen habe, vertilgen von der Erde.« 17.11

Das Schlechte ist auch nicht billig] 1929. Diese Geschichte ist die einzige von 1930 und 1932, die Brecht in der Nachkriegszeit nicht wieder herausgab. 18

Hungern] 1929. Vgl. Erl. zu S. 17. 19

überall hungern: Die Weltwirtschaftskrise von 1929 führte in vielen Ländern zu Arbeitslosigkeit und Verelendung des Proletariats. 19.3–4

Vorschlag, wenn der Vorschlag nicht beachtet wird] 1929. 20

Wer nicht alles [...] nicht weniges erlassen.: Vgl. die Wendung »dass, so jemand nicht arbeitet, der soll auch nicht essen« (2. Brief des Paulus an die Thessalonicher, 3,10). 20.13–14

Herr Keuner und die Originalität] 1929. 22

Der chinesische Philosoph [...] aus Zitaten bestand.: Dies ist eine Montage aus drei Sätzen aus *Das wahre Buch vom südlichen Blütenland* von Dschuang Dsi (um 365–290 v. d.Z). In der Einleitung heißt es: »So schrieb er ein Werk, das über hunderttausend Worte enthält, die zum großen Teil aus Zitaten und Gleichnissen bestehen.« – Im Kapitel *Gleichnisreden* schreibt Dschuang Dsi: »Unter meinen Worten sind neun Zehntel Gleich- 22.4–7 nisreden« und: »Unter meinen Worten sind sieben Zehntel Zitate von Worten, die von andern früher schon ausgesprochen sind.« (S. 207)

22.16 **Und ohne jede Hilfe**: Ein Zitat aus Herman Melvilles Roman *Moby Dick*, vgl. Muhammed Al-Azzawi in: *Dreigroschenheft* 3, 2010, S. 45.

23 *Herr Keuner und die Frage, ob es einen Gott gibt]* um 1929/30.

23.3 **ob es einen Gott gäbe**: Vgl. die achte Strophe aus »Der Choral vom großen Baal« (1919): »Ob es Gott gibt oder keinen Gott / Kann so lang es Baal gibt, Baal gleich sein. / Aber das ist Baal zu ernst zum Spott: / Ob es Wein gibt, oder keinen Wein.« (GBA 1, S. 20)

24 *Das Recht auf Schwäche]* um 1930/31.

25 *Herr Keuner und der hilflose Knabe]* um 1930.
Abdruck eines Entwurfs in *ZF*, S. 92 f. Diese Geschichte verwendet Brecht auch in seinem Stückentwurf *Der böse Baal der asoziale* (um 1930).

26 *Herr Keuner und die Natur]* um 1930/31. Kurz vor dem Druck in *Versuche* (1932) wurde ein Absatz gestrichen: »Warum fahren Sie, wenn Sie Bäume sehen wollen, nicht einfach manchmal ins Freie, fragte man ihn. Herr Keuner antwortete erstaunt: Ich habe gesagt, ich möchte sie sehen *aus dem Hause tretend.*« Vgl. das Gedicht »Morgendliche Rede an den Baum Green« (GBA 11, S. 55).

27 *Die überzeugenden Fragen]* um 1930/31.

28 *Der Mantel]* um 1930/31. Eine der Geschichten, in der Brecht über Tugenden schreibt. 1948 erhält diese Geschichte den Titel *Verläßlichkeit*.

29 *Das Wiedersehen]* um 1930/31. Die Veränderbarkeit ist ein Grundmotiv in Brechts Schaffen. Vgl. den Zwischentitel in *Die Maßnahme*: »Ändere die Welt, sie braucht es.« (1930, GBA 3, S. 89) 1948, nach seiner Rückkehr, stellt Brecht diese Geschichte an das Ende der *Kalendergeschichten*.

30 *Über die Auswahl der Bestien]* 1931. Anlass ist vermutlich die

Ermordung des New Yorker Mafia-Bosses Giuseppe Masseria (*1879), der im April 1931 einem Racheakt aus den eigenen Reihen zum Opfer fiel. Das Motiv der »Verkehrten Welt« ist von vielen Dichtern (H. Heine, Ch. Morgenstern, A. Glaßbrenner) überliefert, auch aus der Volksliteratur.
Text in Versen, in dem das Komma am Ende einer Zeile wegfällt.
wer der Tiefe […] auf der Höhe: Anspielung auf Dantes *Göttliche Komödie*, in der die Sünder aus der Hölle auf den Läuterungsberg steigen, der auf der anderen Seite der Erdkugel liegt. 30.15–16

Herr K. und die Natur]. Vgl. Erl. zu S. 26. 34

Organisation]. Vgl. Erl. zu S. 11. 35

Form und Stoff] vor 1948. Form und Stoff sind poetologische Kategorien der Realismusdebatte in den 1930er Jahren. 36
bei einem Gärtner: Brecht arbeitete als Schüler 1917 kurze Zeit als Kriegsdiensthelfer in einer Gärtnerei. 36.6

Freundschaftsdienste] 1934–1939. 37

Verläßlichkeit]. Siehe *Der Mantel* (um 1930/31). 38

Der hilflose Knabe]. Vgl. Erl. zu S. 25. 39
Herr K. sprach: In dieser Fassung erzählt Herr K. die Geschichte als Beispiel von einem anderen Mann. 39.2

Die Frage, ob es einen Gott gibt]. Vgl. Erl. zu S. 23. 40

Gespräche] vor 1948. Abdruck eines Entwurfs in *ZF*, S. 98 f. 41

Gastfreundschaft] vor 1948. Abdruck eines Entwurfs in *ZF*, S. 90 f. 42

Herr K. in einer fremden Behausung] vor 1948. Abdruck eines Entwurfs in *ZF*, S. 90 f. – Vgl. auch das Gedicht *Zufluchtsstätte*: »Das Haus hat vier Türen, daraus zu fliehn«. (GBA 12, S. 83) 43

Weise am Weisen ist die Haltung]. Vgl. Erl. zu S. 10. 44

Wenn Herr K. einen Menschen liebte] vor 1948. Abdruck eines Entwurfs in *ZF*, S. 98 f. – Vgl. *Über das Anfertigen von Bildnissen* (GBA 22, S. 10 f.). 45

46 *Herr K. und die Konsequenz]* vor 1948.

46.8–9 **Pflaumenbaum**: Vgl. das Gedicht *Der Pflaumenbaum* (GBA 12, S. 21).

47 *Die Vaterschaft des Gedankens]* um 1929. Abdruck eines Entwurfs in *ZF*, S. 94 f.

47.4 **Gedanken […] Wunsch war**: Vgl. »Dein Wunsch war des Gedankens Vater, Heinrich« (Shakespeare, *Heinrich IV.*, 4. Akt).

48 *Originalität]*. Vgl. Erl. zu S. 22.

49 *Erfolg]* vor 1948.

50 *Über die Störung des »Jetzt für das Jetzt«]* vor 1948.

51 *Herr K. und die Katzen]* vor 1948.

52 *Herrn K.s Lieblingstier]* um 1935/36. Von dieser Geschichte gibt es auch eine Fassung in Versen.

53 *Das Altertum]* vor Juli 1948. Siehe *Das Altertum* (Druck 1953).

53.3–4 **aus dem Altertum**: Auch das *Satyricon* von Gaius Petronius Arbiter (gest. 66) beginnt mit einer Klage über den Verfall der Rhetorik.

54 *Rechtsprechung]* vor 1948. Abdruck eines Entwurfs in *ZF*, S. 90 f.

55 *Eine gute Antwort]* 1934–1939.

55.2–3 **die weltliche oder kirchliche Form des Eides**: Bei dem Eid mit »ich schwöre es« oder mit »so wahr mir Gott helfe« zu versichern.

56 *Sokrates]* vor 1932. Eine frühere Variante heißt »Herr Keuner und die Erkenntnistheorie«. – Abdruck eines Entwurfs in *ZF*, S. 96 f.

56.5–6 **vieles zu wissen behaupteten**: Urspr. die Bezeichnung für Denker und Weisen, etwa Protagoras (um 480–410 v. d.Z.) und Sokrates, wurden die Sophisten später der spitzfindigen Scheinweisheit (Sophistik) beschuldigt.

56.8 **er wisse, daß er nichts wisse**: Aussage, die durch Platon (*Apologie des Sokrates*, 29b) überliefert ist: »Ich weiß, dass ich nichts weiß.« Sokrates deutet ein Orakel von Delphi, demzufolge er der Weiseste sei, so, dass er diese Einsicht anderen voraushabe, und mit seinem Anspruch auf Wahrheit.

Der Gesandte] 1934–1939; einzige Geschichte mit einem Erzäh- 57
ler-Ich.

Der natürliche Eigentumstrieb] 1934–1939. Abdruck eines Ent- 58
wurfs in *ZF*, S. 82 f.

Wenn die Haifische Menschen wären] um 1940. 59
Haifische: Raubfische, die Brecht als Metapher für die Bruta- 59.2
lität des Gewinnstrebens dienten, hier unter dem Anschein der Humanität und Kultur der herrschenden Klasse. Vgl. auch »Die Moritat von Mackie Messer« in *Die Dreigroschenoper* (GBA 2, S. 231 f.).
kleinen Fische: Vgl. das Gemälde *Die großen Fische fressen die* 59.4
Kleinen von Pieter Bruegel d. Ä. (1556).
niedrigen, materialistischen, egoistischen: Eine Spiegelung der 59.27–28
Raubfischeigenschaften auf widerständige Fische.

Das Lob] vor Mai 1941. Abdruck des Entwurfs in *ZF*, S. 84 f. 61

Warten] 1934–1939. 62

Der Zweckdiener]. Vgl. Erl. zu S. 14. 63

Die Kunst, nicht zu bestechen]. Vgl. Erl. zu S. 16. 64

Vaterlandsliebe, der Haß gegen Vaterländer]. Vgl. Erl. zu S. 17. 65

Hungern]. Vgl. Erl. zu S. 19. 66

Vorschlag, wenn der Vorschlag nicht beachtet wird]. Vgl. Erl. zu 67
S. 20.

Der unentbehrliche Beamte] vor Juli 1948. Abdruck eines Ent- 68
wurfs in *ZF*, S. 88 f.
er sei unentbehrlich: Zum Thema der Entbehrlichkeit von Be- 68.3–4
amten vgl. *Der schlechte Beamte* in *Buch der Wendungen* (GBA 18, S. 155). In einem Entwurf zu *Die Ausnahme und die Regel* heißt es: »Der beste Satz des Beamten ist: ich bin überflüssig geworden.« (GBA 18, S. 668)

69 *Überzeugende Fragen]*. Vgl. Erl. zu S. 27.

70 *Mühsal der Besten]*. Vgl. Erl. zu S. 15.

71 *Erträglicher Affront]* vor 1948.

72 *Zwei Städte]* 1934–1939. Abdruck eines Entwurfs in *ZF*, S. 86 f.

72.2 **die Stadt B. der Stadt A.**: Berlin und Augsburg.

73 *Das Wiedersehen]*. Vgl. Erl. zu S. 29.

76 *Form und Stoff]*. Vgl. Erl. zu S. 36.

77 *Gespräche]*. Vgl. Erl. zu S. 41.

78 *Gastfreundschaft]* vor 1948. Vgl. Erl. zu S. 42.

79 *Wenn Herr K. einen Menschen liebte]*. Vgl. Erl. zu S. 45.

80 *Über die Störung des »Jetzt für das Jetzt«]*. Vgl. Erl. zu S. 50.

81 *Erfolg]*. Vgl. Erl. zu S. 49.

82 *Herr K. und die Katzen]*. Vgl. Erl. zu S. 51.

83 *Herrn K.s Lieblingstier]*. Vgl. Erl. zu S. 52.

84 *Das Altertum]*. Vgl. Erl. zu S. 53. Korrektur im Mai 1953.

85 *Eine gute Antwort]*. Vgl. Erl. zu S. 55.

85.2 **Ein Arbeiter**: In der Fahnenkorrektur (Mai 1953) ist »Prolet« durch »Arbeiter« ersetzt.

86 *Das Lob]*. Vgl. Erl. zu S. 61.

87 *Zwei Städte]* vor 1948. Vgl. Erl. zu S. 72.

90 *Wenn man nur an sich denkt …]* 1929. Diese und die folgenden fünf Geschichten bilden einen Block, vielleicht für ein weiteres geplantes Heft der *Versuche*.

91 *Herr Keuner hatte wenig Menschenkenntnis …]* 1929.

92 *Als Herr Keuner in einer Gesellschaft …]* 1929.

93 *Herr Keuner begegnete Herrn Wirr …/Schreiben Sie mir auf einen Zettel…]* um 1929.

Eher nämlich wird ein Gebirge: Gleichnis des Unerreichbaren, vgl. »Es ist leichter, dass ein Kamel durch ein Nadelöhr gehe, denn ein Reicher ins Reich Gottes komme.« (Mk 10,25) 93.20–21

Wenn die Zeitungen ein Mittel zur Unordnung sind.../Herr Wirr hielt den Menschen für hoch ...] um 1929. 94
die Zeitungen: Vgl. *Über die Zeitungen an Karl Kraus* (1926, GBA 21, S. 153). 94.1

Zu Herrn Keuner, dem Denkenden, kam der Schüler Tief ...] 1929. 95

Als der Denkende in einen großen Sturm kam ...] 1929. Vgl. auch *Badener Lehrstück vom Einverständnis* (1929). 96

Wer kennt wen?] Mai 1929. Abdruck eines Entwurfs in *NB* 7, S. 220–227. 97

Herr Keuner sagte: »Auch ich habe einmal eine aristokratische Haltung ...] 1929. 98
Haltung: Im Nachlass gibt es fragmentarische Aufzeichnungen über »Die 87 Haltungen des Herrn Keuner« (Villwock/Wizisla 2005, S. 135–138, mit Faksimile). 98.2

Herr Keuner ging durch ein Tal ...] 1929. 99

Herr Keuner und der Arzt] 1929. Vgl. *Der Arzt Schmitt sagte zu Herrn Keuner*. 100

Der Arzt Schmitt sagte zu Herrn Keuner ...] 1929/30. Abdruck eines Entwurfs in *NB* 7, S. 384 f. 100.16
Der Arzt Schmitt: Vmtl. der Münchner Arzt Johann Ludwig Schmitt (1896–1963), bei dem Brecht in Behandlung war, vgl. NB 7, S. 537. 100.16

Warum bist du krank? ...] um 1929. 101

Dadurch, daß die Menschen heute ...] 1929. 102

Das einzige, was Herr Keuner über den Stil sagte ...] 1929. Abdruck eines Entwurfs in *NB* 7, S. 274 f. 103
Ein Zitat ist unpersönlich.: Nach Brecht ist das, was zitiert wurde, allgemeines geistiges Eigentum geworden. 103.3

104 *Herr Keuner sah irgendwo einen alten Stuhl …]* um 1929.

105 *Einige Philosophen …]* um 1929.

106 *Zu Herrn Keuner, dem Denkenden, kam …]* 1929. Dieser und die folgenden elf Texte, urspr. *Fatzer*-Kommentare, sind Übungstexte zu Haltungen.

107 *Der Denkende bedient sich der Wissenschaft …]* 1929.

108 *Die Weisheit ist eine Folge der Haltung …]* 1929.

109 *So wie ich esse …]* 1929.

110 *Wie ich war …]* 1929.

111 *Wer lehrt …]* 1929.

112 *Was ich da sage …]* 1929.

113 *Viele Gedanken gibt es …]* 1929.
113.1 **Viele Gedanken**: Vgl. die Lehrsprüche: »Erkenne dich selbst!« und »Nichts im Übermaß!« (nach Platon).

114 *Viele wünschen …]* 1929. Vgl. zum vorigen Text.

115 *Oft, sehe ich, sagt der Denkende …]* 1929.

116 *Mancher kann nur eines tun …]* 1929.

117 *Nicht daß die Menschen verschieden …]* 1929.
117.1 **Nicht daß die Menschen verschieden sind**: Vgl. »Gemeinsam sind die Interessen der Freunde« (»koina ta ton philon«), ein durch Platon überliefertes griech. Sprichwort.

118 *Deine Theorie hat Löcher …]* um 1929.
118.1 **Deine Theorie**: 1935/36 schreibt Brecht in *Wozu braucht das Proletariat die Intellektuellen?* »[…] um die bürgerliche Theorie zu durchlöchern« (GBA 22.1, S. 150).

119 *Wer sich nicht mit sich selber befaßt …]* 1929.
119.6–7 **Dann ist also […] sich selber befaßt?**: Bemerkenswert ist die dialogische Struktur des Textes, wie sie schon von Platons Lehrschriften überliefert ist.

120 *Um einen Unglücklichen …]* 1929.

zu seinem Tod: Wiederkehrendes Motiv in Brechts Werk, u. a. 120.1
im *Todeskapitel* von *Fatzer*. Brecht könnte durch den Absturz
der französischen Piloten Charles Nungesser und François Coli,
die 1927 als erste den Atlantik überfliegen wollten, angeregt
worden sein. Vgl. *Das Badener Lehrstück vom Einverständnis*
und *Der Jasager* (GBA 3, S. 25 ff. u. 57 ff.).

Von irgend jemand sagte Herr Keuner] 1929. 121

Herr Keuner haßte den Kampf ...] 1929. 122

Jemand sagte zu Herrn Keuner ...] 1930. 123

Viele leben im Glauben ...] 1930. 124

Herr Keuner und die Schauspielerin] um 1929. 125

Der Denkende tadelte oft seine Freundin ...] um 1930/31. 126

Eine Schülerin beschwerte sich ...] 1931. 127
beim Lenken eines Autos: Vgl. die Geschichte *Herr Keuner* 127.6
fährt Auto.

Herr K. war nicht für Abschiednehmen ...] um 1930/31. 128

Als Herr Keuner in die Emigration ging ...] 1930–33. 129
in die Emigration: Brecht schreibt die Geschichte in ein 1929/30 129.1
begonnenes Notizbuch, sodass nicht eindeutig ist, dass sie erst
aufgrund der eigenen Emigration entstand. Die Umstände der
Flucht Elisabeth Hauptmanns, Brechts ältester Mitarbeiterin,
stimmen allerdings überein. Sie versichert auf einer Kopie des
Manuskripts, dass er alles vollständig erhalten habe.

Die Rolle der Gefühle] 1931. 130

Über Systeme] um 1932/33. 131

Unbestechlichkeit] um 1934. Vgl. *Buch der Wendungen* (GBA 132
18, S. 78).

Musik von der Stange] 1934–1939. 133
in ungefähr dem gleichen Gestus: Vgl. im Anhang *Über gesti-* 133.9
sche Musik, S. 170.

Herr Keuner und der Ausdruck] 1934–1939. 134

135 *Herrn Keuner läuft ein Schüler weg]* 1934–39.

136 *Lehren]* vor 1948.

136.4 **Der hören soll**: Vgl. das Gedicht »Die neue Mundart« aus *Buckower Elegien.*

137 *Herr Keuner vertritt die Leute]* 1934–39.

138 *Herr Keuner sagte: Durch zu langes Festhalten ...]* 1934–39.

139 *Beispiel einer guten Belehrung]* 1934–39.

139.4 **Der Mathematiker D.**: Abkürzung für Walter Dubislav (1895–1937), Mathematiker und Wissenschaftstheoretiker, bis 1933 Professor an der Technischen Universität Berlin. Vgl. auch »Es können Dinge würklich [sic] existieren, dennoch aber nirgends in der Welt vorhanden sein.« (Immanuel Kant, in: *Gedanken von der wahren Schätzung der lebendigen Kräfte*, 1747)

140 *Herr Keuner über Höflichkeit]* 1934–39.

140.2 **Beweis von Höflichkeit**: Hier sowohl tugendhaft (höflich) als auch vom Hof einen guten Gebrauch machend.

141 *Ruhm]* 1934–39. Abdruck eines Entwurfs in *ZF*, S. 98 f.

142 *»Wenn ich mit den Dingen einig bin ...]* vor 1948.

143 *H. K. und die Lyrik]* 1940–1947.

144 *Herr K. und die deutsche Politik]* 1945–48.

145 *Der Wein und die Trauben]* 1947/48.

145.5 **wie der Papst seinen Franco schätzt**: Francisco Franco (1892–1975), spanischer General und Politiker, errichtete nach seinem Sieg im Spanischen Bürgerkrieg (1936–1939) eine faschistische Diktatur (1939–1975) mit Zustimmung der katholischen Kirche.

146 *Herr Keuner und der Tod]* 1947/48. Das Todesmotiv ist hier ins Komische gewendet.

147 *Scham]* 1947/48.

147.2 **H. H.**: Vmtl. Verschreibung der Abkürzung H. K. im Entwurf.

147.3 **schlechter Mensch**: Vgl. »Scham ist wohl ein Gefühl der Profanazion [Entweihung, Herabwürdigung]«; Novalis (1772–

1801), in: *Blütenstaub. Mit vier Fragmenten von Friedrich Schlegel* (1798), Nr. 23.

Die dritte Sache] vor Juli 1948. 148
die dritte Sache: Gemeinsames, verbindendes Unternehmen. 148.3
Vgl. das Gedicht »Das Lob der dritten Sache« in *Die Mutter* (GBA 3, S. 307).

Das Horoskop] 1950er Jahre. 149

Herr Keuner/sah sich die Zeichnung ...] 1950–55. 150

Keuner] 1950–55. 151

Mißverstanden] 1950–55. 152

Gerechtigkeitsgefühl] 1950–55. 153

Herr Keuner schätzte Freundlichkeit sehr ...] 1950–55. 154

Keuner/Jemand erzählte vom jungen Keuner ...] erstes Halbjahr 155
1953.

Herr Keuner fährt Auto] 1950–55. 156

Keuner, befragt über die Arbeitsweise ...] März 1953. Vgl. *Herr* 157
Keuner fährt Auto. Die Geschichte entsteht während Brechts Theaterarbeit im Berliner Ensemble.

Herr Keuner sagte: Es ist ein weitverbreiteter Unfug ...] 1950– 158
55.

Liebe zu wem?] 1950–55. 159

Rieberg und Emberg] 1950–55. 160

Misuk] 1950–55. 161

Architektur] um 1953. 162
»Die Geschichte bezieht sich vermutlich auf die Auseinandersetzungen, die zwischen Intellektuellen in der DDR über die Bebauung entlang der Stalinallee (ab 1953) geführt worden sind. Von Brecht wird überliefert, daß er dem zuständigen Architekten Hermann Henselmann über die Stalinallee gesagt haben soll: ›Gut, daß wir in einem sozialistischen Staat leben, da können wir

sie in ein paar Jahren wieder in die Luft sprengen.‹« (GBA 18, S. 484)

162.3-4 **von einem Architekten**: Hermann Henselmann (1905–1995), 1954 Chefarchitekt von Berlin, Architekt der Stalinallee (1961 Karl-Marx-Allee).

163 *Apparat und Partei]* 1954.

163.2 **Stalins Tod**: Josef Stalin (1878–1953), sowjetischer Politiker und Diktator, seit 1922 Generalsekretär der KPdSU.

164 *Zorn und Belehrung]* um 1955.

165 *Herr Keuner und Freiübungen]* 1956. Vgl. das 1938 entstandene Gedicht *Der Kirschdieb* (GBA 12, S. 96 u. 120). Vgl. auch das Gemälde *Bauer und Vogeldieb* (1568) von Pieter Bruegel d. Ä. (1525/30–1569).

Verzeichnis der Geschichten in der abgedruckten Folge

Geschichten vom Herrn Keuner. 1953

Aus dem Nachlass

Alphabetisches Verzeichnis der *Geschichten vom Herrn Keuner* mit dem Jahr der Erstveröffentlichung

Deutsche Literatur des 20. Jahrhunderts in der Suhrkamp BasisBibliothek

Ingeborg Bachmann. Malina. Kommentar: Monika Albrecht und Dirk Göttsche. SBB 56. 389 Seiten

Jurek Becker
- Bronsteins Kinder. Kommentar: Olaf Kutzmutz. SBB 96. 349 Seiten
- Jakob der Lügner. Kommentar: Thomas Kraft. SBB 15. 352 Seiten

Thomas Bernhard
- Amras. Kommentar: Bernhard Judex. SBB 70. 143 Seiten
- Erzählungen. Kommentar: Hans Höller. SBB 23. 172 Seiten
- Heldenplatz. Kommentar: Martin Huber. SBB 124. 205 Seiten

Marcel Beyer. Flughunde. Kommentar: Christian Klein. SBB 125. 347 Seiten

Peter Bichsel. Geschichten. Kommentar: Rolf Jucker. SBB 64. 194 Seiten

Bertolt Brecht
- Der Aufstieg des Arturo Ui. Kommentar: Annabelle Köhler. SBB 55. 182 Seiten
- Aufstieg und Fall der Stadt Mahagonny. Kommentar: Joachim Lucchesi. SBB 63. 202 Seiten
- Die Dreigroschenoper. Kommentar: Joachim Lucchesi. SBB 48. 170 Seiten
- Geschichten vom Herrn Keuner. Kommentar: Gesine Bey. SBB 46. 217 Seiten
- Der gute Mensch von Sezuan. Kommentar: Wolfgang Jeske. SBB 25. 224 Seiten

NF 1060/1/01.18

- Herr Puntila und sein Knecht Matti. Kommentar: Anya Feddersen. SBB 50. 187 Seiten
- Kalendergeschichten. Kommentar: Denise Kratzmeier. SBB 131. 196 Seiten
- Der kaukasischer Kreidekreis. Kommentar: Ana Kugli. SBB 42. 192 Seiten
- Leben des Galilei. Kommentar: Dieter Wöhrle. SBB 1. 192 Seiten
- Mutter Courage und ihre Kinder. Kommentar: Wolfgang Jeske. SBB 11. 185 Seiten

Paul Celan. Todesfuge und andere Gedichte. Kommentar: Barbara Wiedemann. SBB 59. 188 Seiten

Max Frisch
- Andorra. Kommentar: Peter Michalzik. SBB 8. 176 Seiten
- Biedermann und die Brandstifter. Kommentar: Heribert Kuhn. SBB 24. 144 Seiten
- Homo faber. Kommentar: Walter Schmitz. SBB 3. 304 Seiten
- Montauk. Kommentar: Andreas Anglet und Florian Radvan. SBB 120. 250 Seiten

Norbert Gstrein. Einer. Kommentar: Heribert Kuhn. SBB 61. 156 Seiten

Peter Handke. Wunschloses Unglück. Kommentar: Hans Höller unter Mitarbeit von Franz Stadler. SBB 38. 132 Seiten

Christoph Hein. Der fremde Freund / Drachenblut. Kommentar: Michael Masanetz. SBB 69. 235 Seiten

Hermann Hesse
- Demian. Kommentar: Heribert Kuhn. SBB 16. 240 Seiten
- Narziß und Goldmund. Kommentar: Heribert Kuhn. SBB 40. 408 Seiten

NF 1060/2/01.18

- Peter Camenzind. Kommentar: Heribert Kuhn. SBB 83. 215 Seiten
- Siddhartha. Kommentar: Heribert Kuhn. SBB 2. 192 Seiten
- Der Steppenwolf. Kommentar: Heribert Kuhn. SBB 12. 312 Seiten
- Unterm Rad. Kommentar: Heribert Kuhn. SBB 34. 288 Seiten

Ödön von Horváth
- Geschichten aus dem Wiener Wald. Kommentar: Dieter Wöhrle. SBB 26. 176 Seiten
- Glaube Liebe Hoffnung. Kommentar: Dieter Wöhrle. SBB 84. 152 Seiten
- Italienische Nacht. Kommentar: Dieter Wöhrle. SBB 43. 162 Seiten
- Jugend ohne Gott. Kommentar: Elisabeth Tworek. SBB 7. 208 Seiten
- Kasimir und Karoline. Kommentar: Dieter Wöhrle. SBB 28. 160 Seiten

Franz Kafka
- Brief an den Vater. Kommentar: Peter Höfle. SBB 91. 163 Seiten
- Der Prozeß. Kommentar: Heribert Kuhn. SBB 18. 352 Seiten
- In der Strafkolonie. Kommentar: Peter Höfle. SBB 78. 132 Seiten
- Das Urteil und andere Erzählungen. Kommentar: Peter Höfle. SBB 36. 188 Seiten
- Die Verwandlung. Kommentar: Heribert Kuhn. SBB 13. 144 Seiten

Marie Luise Kaschnitz. Das dicke Kind und andere Erzählungen. Kommentar: Asta-Maria Bachmann und Uwe Schweikert. SBB 19. 250 Seiten

NF 1060/3/01.18

Heiner Kippenhardt. In der Sache J. Robert Oppenheimer. Kommentar: Ana Kugli. SBB 58. 190 Seiten

Alexander Kluge. Der Luftangriff auf Halberstadt am 8. April 1945. Kommentar: Thomas Combrink. SBB 122. 134 Seiten

Wolfgang Koeppen. Das Treibhaus. Kommentar: Arne Grafe. SBB 76. 289 Seiten

Gert Ledig. Vergeltung. Kommentar: Florian Radvan. SBB 51. 234 Seiten

Robert Musil. Die Verwirrungen des Zöglings Törleß. Kommentar: Oliver Pfohlmann. SBB 130. 290 Seiten

Ulrich Plenzdorf. Die neuen Leiden des jungen W. Kommentar: Jürgen Krätzer. SBB 39. 158 Seiten

Joseph Roth. Hiob. Kommentar: Heribert Kuhn. SBB 112. 268 Seiten

Arno Schmidt. Schwarze Spiegel. Kommentar: Oliver Jahn. SBB 71. 154 Seiten

Arthur Schnitzler
- Lieutenant Gustl. Kommentar: Ursula Renner unter Mitarbeit von Heinrich Bosse. SBB 33. 161 Seiten
- Traumnovelle. Kommentar: Andrea Neuhaus. SBB 113. 139 Seiten

Hans-Ulrich Treichel. Der Verlorene. Kommentar: Jürgen Krätzer. SBB 60. 176 Seiten

NF 1060/4/01.18

Martin Walser. Ein fliehendes Pferd. Kommentar: Helmuth Kiesel. SBB 35. 176 Seiten

Robert Walser
- Der Gehülfe. Kommentar: Karl Wagner. SBB 102. 312 Seiten
- Geschwister Tanner. Kommentar: Margit Gigerl und Marc Caduff. SBB 97. 407 Seiten

Frank Wedekind. Frühlings Erwachen. Kommentar: Hansgeorg Schmidt-Bergmann. SBB 21. 160 Seiten

Peter Weiss
- Abschied von den Eltern. Kommentar: Axel Schmolke. SBB 77. 191 Seiten
- Die Verfolgung und Ermordung Jean Paul Marats. Kommentar: Arnd Beise. SBB 49. 180 Seiten

Christa Wolf
- Der geteilte Himmel. Kommentar: Sonja Hilzinger. SBB 87. 337 Seiten
- Kein Ort. Nirgends. Kommentar: Sonja Hilzinger. SBB 75. 157 Seiten
- Kassandra. Kommentar: Sonja Hilzinger. SBB 121. 269 Seiten
- Medea. Kommentar: Sonja Hilzinger. SBB 110. 255 Seiten

Stefan Zweig. Schachnovelle. Kommentar: Helmut Nobis. SBB 129. 114 Seiten

NF 1060/5/01.18